Benischek / Summer / Zeindl-Steiner

3. Klasse Volksschule

Mathematik

Richtig lernen – gezielt trainieren!

G&G

Inhalt

Die Aufnahme in den Anhang zur Schulbuchliste für die unten angeführte Schulart, Klasse und den Unterrichtsgegenstand wurde vom Bundesministerium für Bildung, Wissenschaft und Forschung mit BMBWF - Präs/14 (Bildungsmedien), Geschäftszahl: 2020-0.046.341, vom 20. April 2020 empfohlen: für die 3. Schulstufe an Volksschulen im Unterrichtsgegenstand Mathematik

www.ggverlag.at
ISBN 978-3-7074-2206-1
Schulbuchnummer 200.484
3. Auflage 2025
Illustrationen: Cornelia Seelmann
Druck und Bindung: 2imPress s.r.o., Slowakei

Liebe Eltern,

das Buch „Lernen mit Teo und Tia Mathematik 3“ widmet sich den Lehrplaninhalten und Kompetenzen, die Schülerinnen und Schüler in der dritten Schulstufe erwerben sollen. Der Aufbau und die Behandlung der Inhalte folgen wissenschaftlichen Erkenntnissen.

Am Beginn jeder Aufgabenserie geben die Tigerin Tia und der Tiger Teo Hinweise oder diskutieren unterschiedliche Lösungsstrategien. Die Inhalte sind grundsätzlich so aufgebaut, dass die Reihenfolge der Seiten eingehalten werden soll. Neue Themen setzen die Kenntnis bereits zuvor behandelter Inhalte voraus.

Die ersten Seiten widmen sich der Erarbeitung der Zahlen bis 1 000 und der Förderung des Stellenwertverständnisses. Tausenderwürfel, Hunderterplatten, Zehnerstangen und Einerwürfel dienen der Darstellung und der strukturellen Veranschaulichung des Zahlenraums. Der Rechenstrich unterstützt die Vorstellung beim Ordnen und Vergleichen von Zahlen. Ebenso werden die Zahlsprechweise und die Zahlschreibweise thematisiert. Auf die Nutzung von Analogien als mögliche Lösungsstrategien beim Plus- und Minusrechnen sowie beim Malnehmen und Teilen weisen Tia und Teo besonders hin. Durch unterschiedliche Rechenstrategien und verschiedene Notationsformen wird das flexible und aufgabenadäquate Rechnen gefördert. Der Einsatz von Materialien und Darstellungen unterstützt die Kommunikation über gewählte Rechenwege.

Im dritten Schuljahr lernen die Kinder mit der schriftlichen Addition, Subtraktion, Multiplikation und Division das erste Mal algorithmische Verfahren zur Lösungsbestimmung kennen. Die schriftlichen Rechenverfahren werden durch Einsicht in die Rechenschritte erarbeitet und geübt. Schriftliches Rechnen galt lange als „Königsdisziplin“ beim Rechnen, allerdings ist sein Stellenwert im Hinblick auf den Einsatz elektronischer Hilfsmittel wie Taschenrechner etc. nicht mehr so hoch einzuschätzen. Ebenso wie bei den halbschriftlichen Strategien geht es nicht nur darum, die Algorithmen möglichst schnell auszuführen, sondern vielmehr sollen die Kinder Sicherheit, Flexibilität und ein tiefgehendes Verständnis erlangen. Eine ausgeprägte Vorstellung der Größenordnung von Zahlen wird durch das überschlagende Rechnen trainiert.

Die Rätsel- und Knobelaufgaben bieten den Kindern die Möglichkeit, ihre Problemlösekompetenz zu trainieren. In der Auseinandersetzung mit den Aufgaben werden die Kinder kreative Lösungswege beschreiten.

Im Bereich der Geometrie und Größen werden weitere Grundbegriffe eingeführt, vertieft und geübt, Sachverhalte der Umwelt werden thematisiert und räumliche Vorstellungen auf- und ausgebaut. Zusammenhänge zwischen den verschiedenen Größen werden dargestellt und sollen von den Kindern beherrscht werden.

Die jeweils geforderten allgemeinen und inhaltlichen Kompetenzbereiche der Mathematik sowie der Verweis auf den Lehrplan werden bei den Lösungen genannt. Die Aufgaben sollen weitgehend selbstständig bearbeitet werden. Die Lösungen ermöglichen die Selbstkontrolle. Wenn die Aufgaben korrekt gelöst und gekonnt werden, so kann Ihr Kind in das vorgesehene Feld einen Sticker kleben (= Feld mit grauem Tiger oben auf jeder Seite). Die geklebten Sticker dokumentieren den Lernfortschritt Ihres Kindes.

Wir wünschen viel Freude beim Verstehen, Üben und Lernen!

Isabella Benischek, Anita Summer, Regina Zeindl-Steiner

Das Einmaleins mit Quadraten

Tia und Teo legen mit Quadraten verschiedene Rechtecke.
Tia entdeckt, dass sich dahinter Einmaleins-Aufgaben verstecken.
Das ist ein 2 • 3-Rechteck,
es besteht aus 6 Quadraten.

1. Welche Einmaleins-Aufgaben sind in den folgenden Rechtecken enthalten?

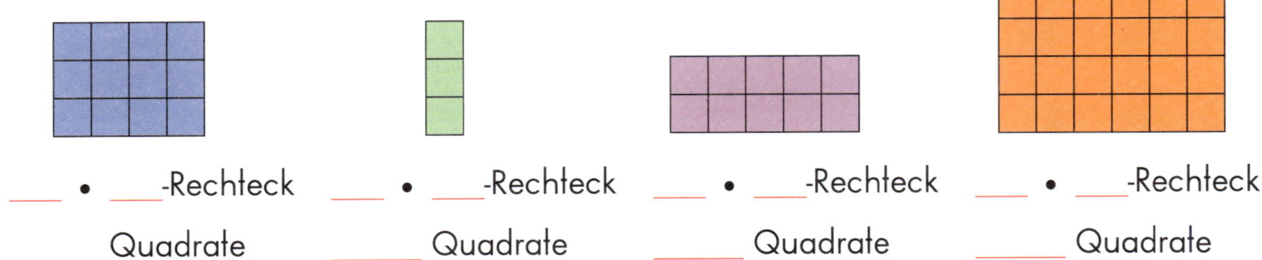

___ • ___-Rechteck ___ • ___-Rechteck ___ • ___-Rechteck ___ • ___-Rechteck

_____ Quadrate _____ Quadrate _____ Quadrate _____ Quadrate

2. Zeichne folgende Einmaleins-Aufgaben in den Raster.
2 • 3 5 • 3 8 • 6 7 • 4

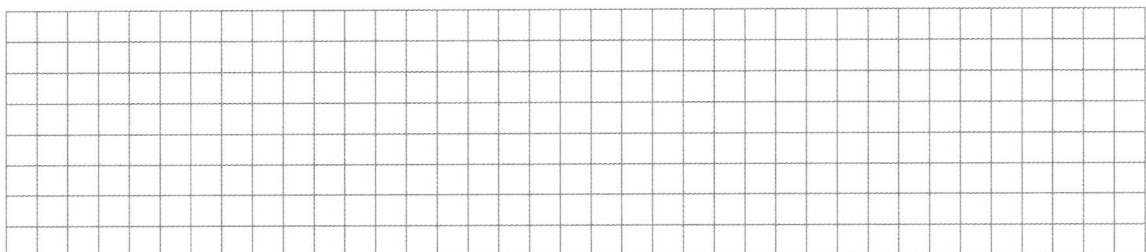

3. Die farbigen Figuren stellen Einmaleins-Aufgaben dar.
Finde sie. Schreibe die Lösung in dein Heft.

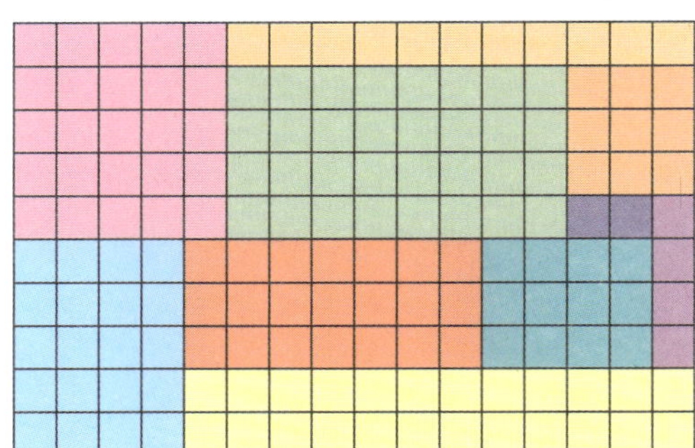

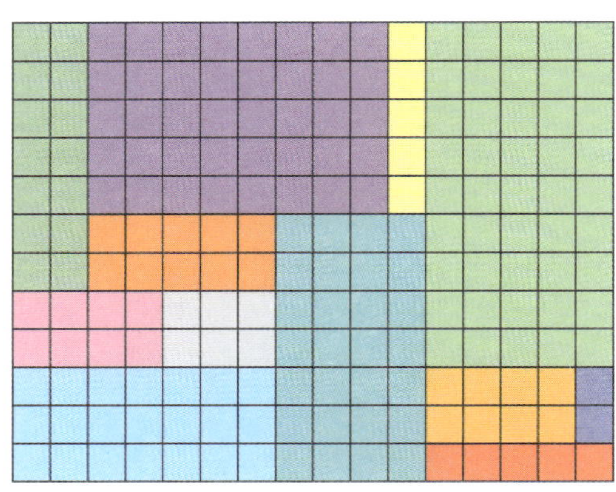

4. Bilde mit 10 Quadraten, 12 Quadraten und 24 Quadraten ein Rechteck.
Wie viele Lösungen findest du jeweils?
Wie heißen die dazu passenden Einmaleins-Aufgaben? Arbeite in deinem Heft!

Symmetrie und Spiegelung

Tia und Teo beobachten einen Schmetterling.

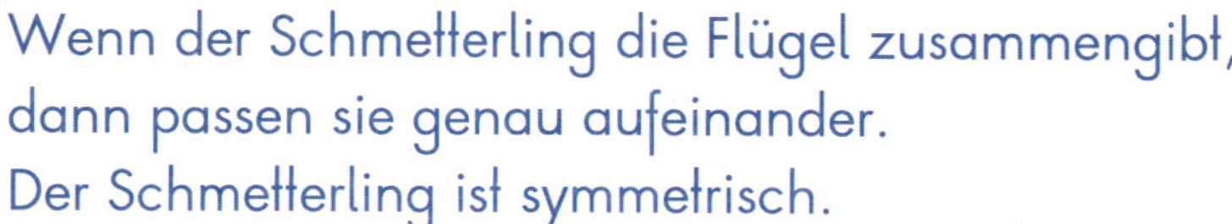

Wenn der Schmetterling die Flügel zusammengibt,
dann passen sie genau aufeinander.
Der Schmetterling ist symmetrisch.

1. Suche in einem Tierlexikon oder im Internet weitere Beispiele für Symmetrien bei Tieren.

2. Spiegle die Figuren an der Symmetrieachse. Beachte, dass die Symmetrie bestehen bleibt.

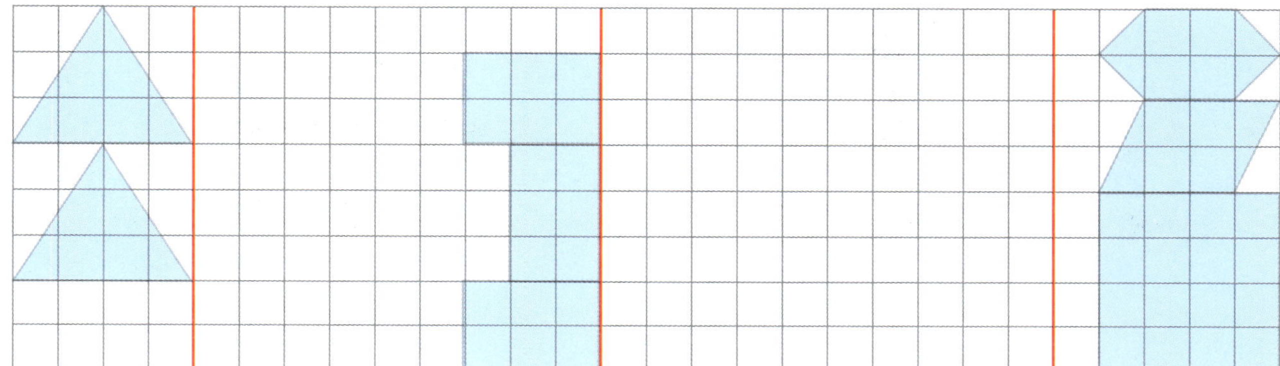

3. Spiegle die Namen. Du kannst auch deinen Namen spiegeln.

KURT

4. Einige Buchstaben und Ziffern sind symmetrisch. Zeichne die Symmetrieachse ein.
Gibt es noch weitere symmetrische Buchstaben oder Ziffern?
Wenn ja, schreibe sie auf und zeichne ebenfalls die Symmetrieachse ein.

3 0 A C E H M T V

5. Die Figur ist nicht ganz symmetrisch.
Was könnte geändert werden,
damit sie wirklich symmetrisch ist?
Zeichne auf!

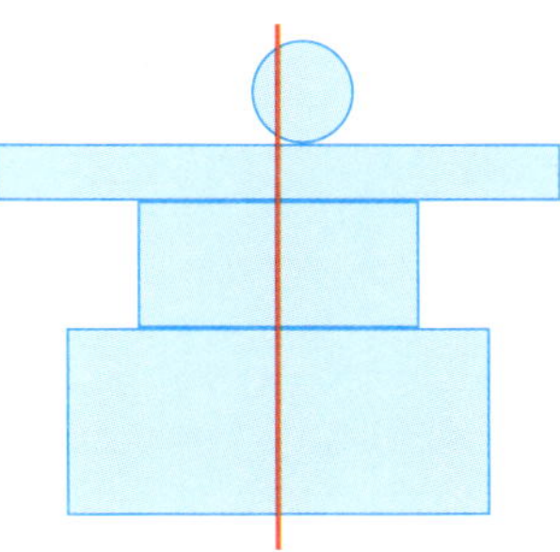

Vergrößern und Verkleinern

Tia betrachtet einen Käfer unter der Lupe.
Der Käfer erscheint unter der Lupe vergrößert.
Teo betrachtet ein Foto eines Hochhauses.
Am Foto ist das Gebäude verkleinert.

1. Überlege: Wann kann es notwendig sein, Dinge vergrößert darzustellen? Wann kann es notwendig sein, Dinge verkleinert darzustellen?

2. Diese Tiere erscheinen unter der Lupe um das Fünffache vergrößert. Miss die Längen ab. Wie lang sind die Tiere in Wirklichkeit?

3. Zeichne die Figuren vergrößert auf ein kariertes Blatt Papier. Jede Strecke muss doppelt so lang sein wie die gezeichnete.

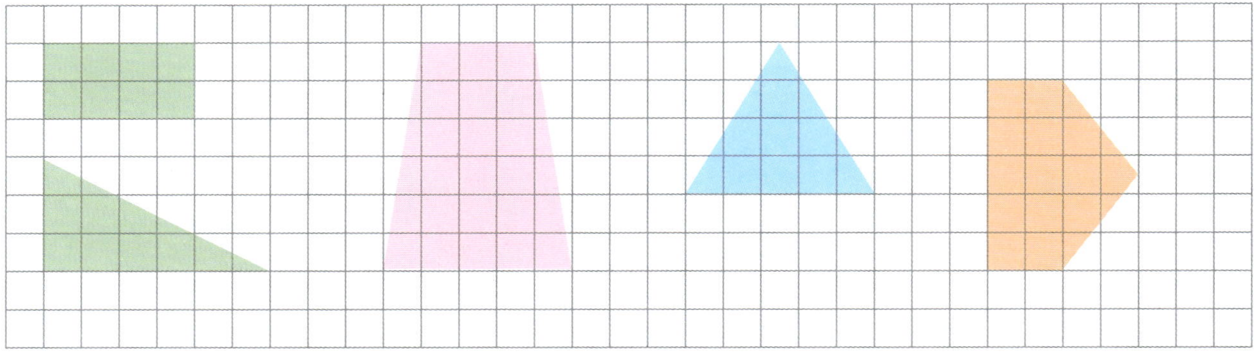

4. Auf dem Foto ist Mia 5 cm groß. In Wirklichkeit ist sie aber dreißig Mal größer. Wie groß ist Mia wirklich?

5. Zeichne die Figur verkleinert auf ein kariertes Blatt Papier. Jede Strecke darf nur halb so lang sein wie hier gezeichnet.

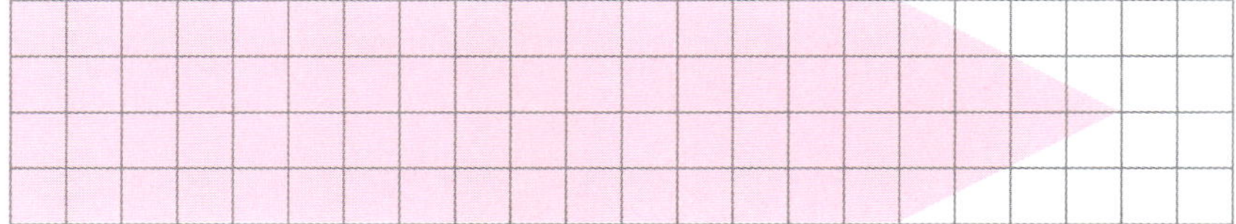

Schneidende und parallele Linien / Rechte Winkel

Mit deinem Geodreieck kannst du zeichnen:

schneidende Linien

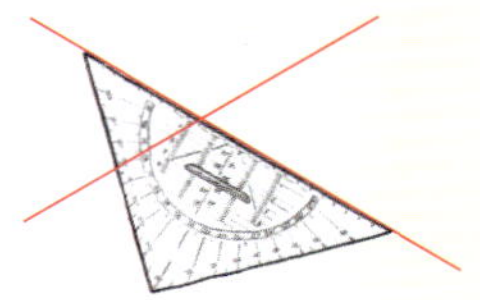

parallele Linien

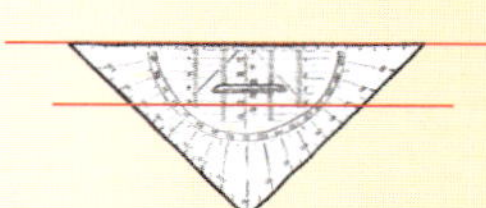

rechte Winkel

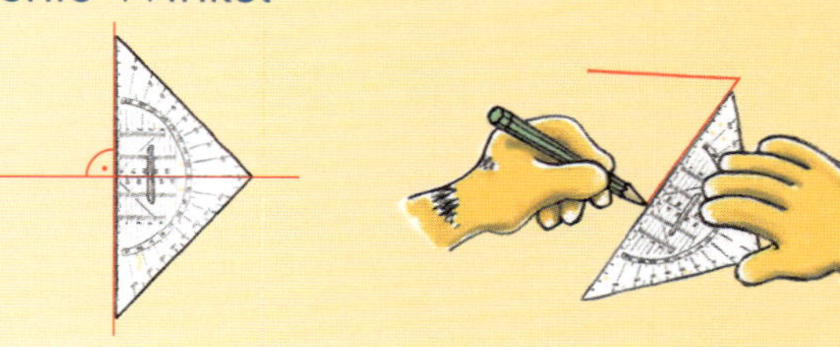

1. Zeichne zur gegebenen Linie (Geraden)
   a. eine Gerade, die sie im Punkt A schneidet
   b. eine parallele Linie
   c. eine Gerade, die mit der gezeichneten einen rechten Winkel einschließt

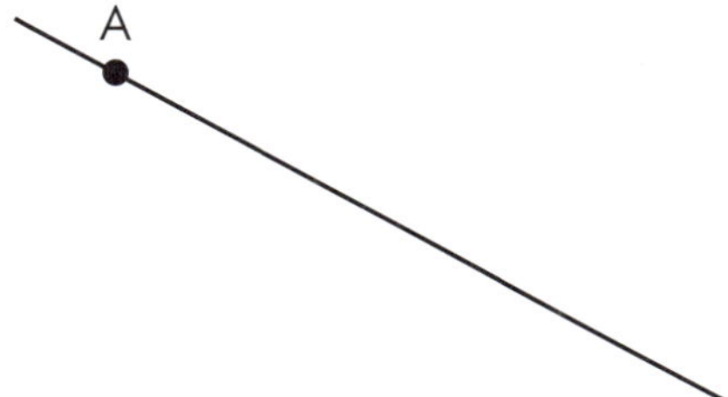

2. Zeichne zur gegebenen Geraden mindestens drei parallele Geraden.

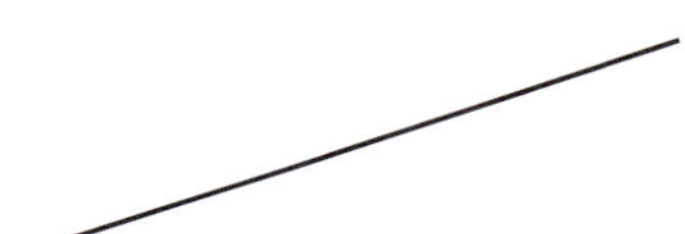

3. Zeichne jeweils eine Gerade durch die Punkte, sodass rechte Winkel entstehen.

4. Zeichne auf ein Blatt Papier
   a. drei Gerade, die einander in einem einzigen Punkt schneiden
   b. drei Gerade mit drei Schnittpunkten
   c. vier Gerade mit drei Schnittpunkten
   d. eine Gerade mit drei parallelen Geraden
   e. eine Gerade, die mit einer anderen Geraden einen rechten Winkel bildet

5. Teo sagt: „Parallele Geraden schneiden einander niemals, auch wenn man sie ganz weit verlängert."
   Hat er Recht? Begründe deine Meinung.

6. Diese Figuren haben rechte Winkel. Kontrolliere mit deinem Geodreieck.
   Kennzeichne die rechten Winkel mit: ⦜

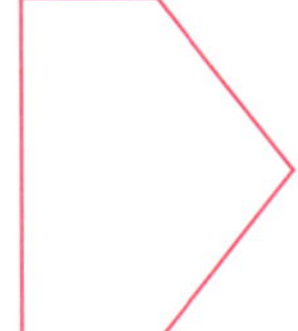
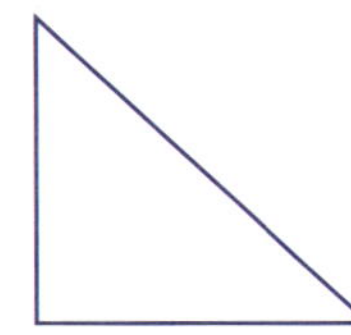

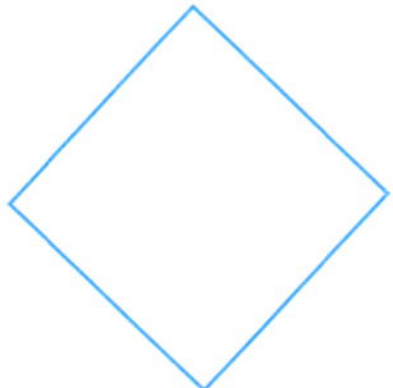
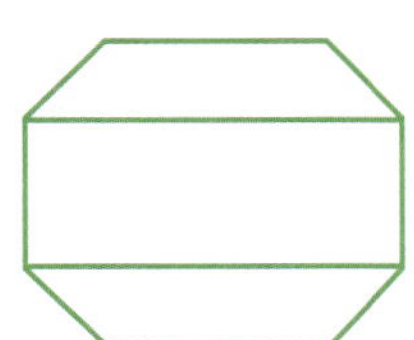

Zahlen bis 1 000 – Stellenwert

10 Einer (E) → 1 Zehner-Stange (Z)

10 Zehner-Stangen oder 100 Einer → 1 Hunderter-Platte (H)

10 Hunderter-Platten oder 100 Zehner oder 1 000 Einer → 1 Tausender-Würfel (T)

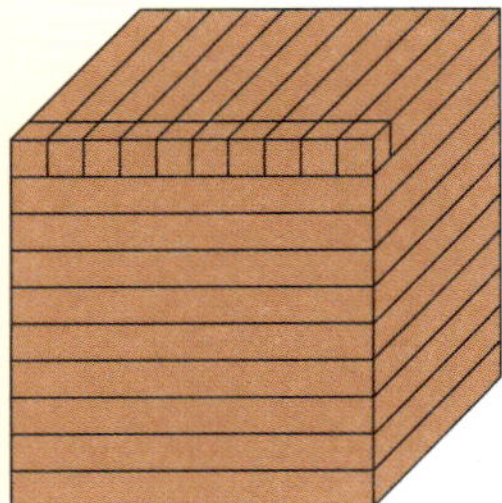

Jede Bündelung hat ihren Platz in der Stellenwerttabelle.
Wenn eine Stelle nicht besetzt ist, so schreibt man eine Null.

T	H	Z	E
1	0	0	0

1. Suche den richtigen Platz für Hunderter, Zehner und Einer. Ergänze.

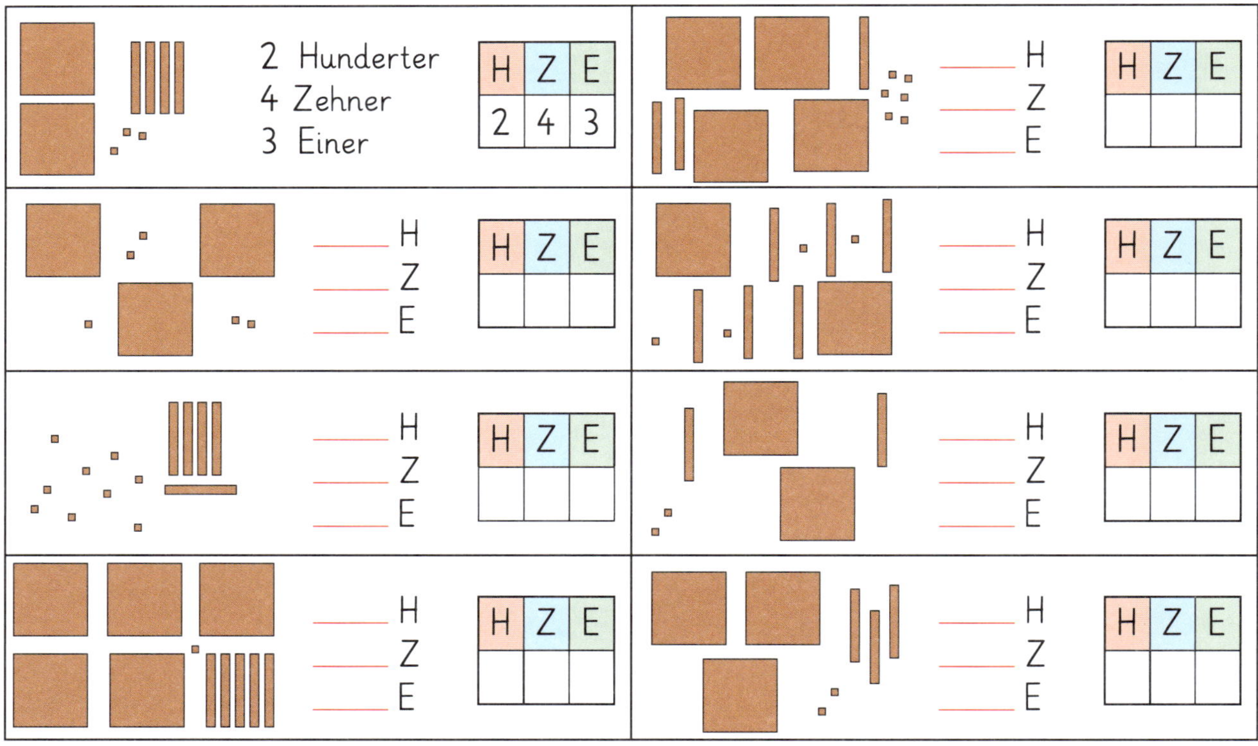

2. Gestalte weitere Aufgaben nach diesem Vorbild.

Zahlen bis 1 000 – Bündeln

20 Einer können zu
2 Zehnerstangen
zusammengelegt werden.
20 E = 2 Z

20 Zehner können zu
2 Hunderterplatten
zusammengelegt werden.
20 Z = 2 H

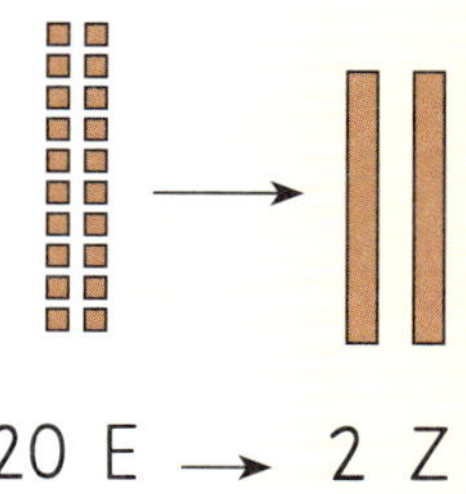

20 E → 2 Z

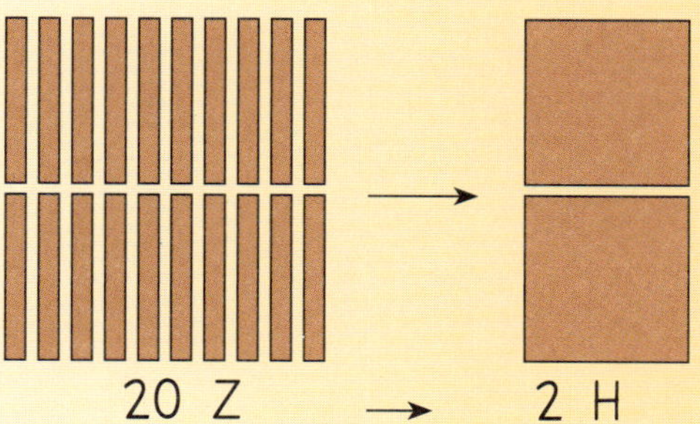

20 Z → 2 H

1. Bündle. Finde Hunderter, Zehner und Einer. Falls möglich, lege zuerst mit Material.

	1 H 2 Z		

2. Zeichne auf ein Blatt und ergänze. → 2 Z 14 E = = 3 Z 4 E

15 E = 1 Z 5 E
41 E = 4 Z 1 E
23 Z = ______
60 Z = ______
34 Z = ______

3 Z 15 E = ______
7 Z 22 E = ______
4 Z 59 E = ______
30 Z 4 E = ______
63 Z 24 E = ______

10 Z 11 E = ______
23 Z = ______
6 Z 7 E = ______
44 Z 12 E = ______
100 Z = ______

Zahlen bis 1 000 – Stellenwert

Aus 4 H und 3 Z und 5 E lässt sich eine Zahl zusammensetzen.

4 H + 3 Z + 5 E = 435
400 + 30 + 5 = 435
435 = 400 + 30 + 5

H	Z	E
4	3	5

1. Schreibe die Zahlen. Denke an die Stellenwerttabelle.

3 H 5 Z 6 E = ______ 9 H 1 Z 5 E = ______ 5 Z 9 E 3 H = ______
6 Z 3 H 1 E = ______ 2 H 6 E 4 Z = ______ 7 H 8 Z 0 E = ______
2 E 5 Z = ______ 7 Z 3 H = ______ 6 H 3 E = ______

2. Ergänze.

	H	Z	E	Zahl
700 + 30 + 4 = 7 H + 3 Z + 4 E				
500 + 7 =				
50 + 800 + 8 =				
100 + 30 =				
70 + 5 =				
400 =				
6 + 900 + 10 =				

3. Woraus besteht die Zahl?

	H	Z	E
786 = 700 + 80 + 6			
351 =			
904 =			
83 =			

	H	Z	E
670 =			
123 =			
500 =			
999 =			

4. Erstelle Ziffernkarten von 1 bis 9. Lege diese Ziffernkarten verdeckt auf. Wähle drei Ziffernkarten und bilde die größtmögliche und die kleinstmögliche Zahl. Schreibe sie auf.

Ziffernkarten	größtmögliche Zahl	kleinstmögliche Zahl
☐ ☐ ☐		
☐ ☐ ☐		
☐ ☐ ☐		

Zahlen bis 1 000 – Sprechweise

6 Hunderter
4 Zehner und
3 Einer → 6 H 4 Z 3 E →
ergeben die gesprochene Zahl
sechshundertdreiundvierzig = 643

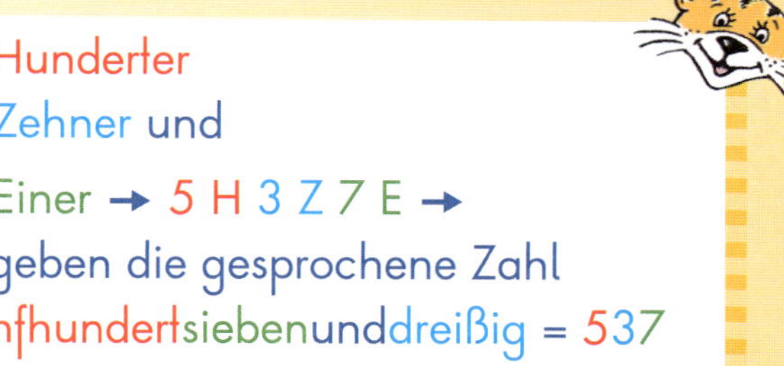

5 Hunderter
3 Zehner und
7 Einer → 5 H 3 Z 7 E →
ergeben die gesprochene Zahl
fünfhundertsiebenunddreißig = 537

Schreibweise: Zuerst die H, dann die Z, danach die E.

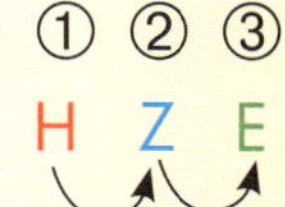

① ② ③
H Z E

Sprechweise: Zuerst die H, dann die E, danach die Z.

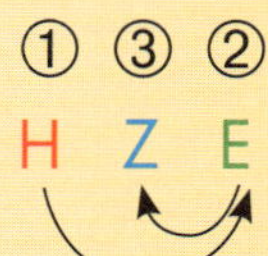

① ③ ②
H Z E

1. Verbinde die Zahl mit dem passenden Zahlwort.

483	zweihunderteinundsiebzig
581	fünfhundertachtzehn
271	vierhundertdreiundachtzig
518	vierhundertachtunddreißig
438	zweihundertsiebzehn
217	fünfhunderteinundachtzig

2. Schreibe die Zahlwörter.

436 = ______________________ 620 = ______________________
274 = ______________________ 169 = ______________________
501 = ______________________ 854 = ______________________
348 = ______________________ 902 = ______________________
737 = ______________________ 333 = ______________________

3. Zeichne die Zahlen mit

zweihundertsiebenundzwanzig	dreihundertfünf	vierhundertneunzehn

Zahlen bis 1 000 – Rechenstrich

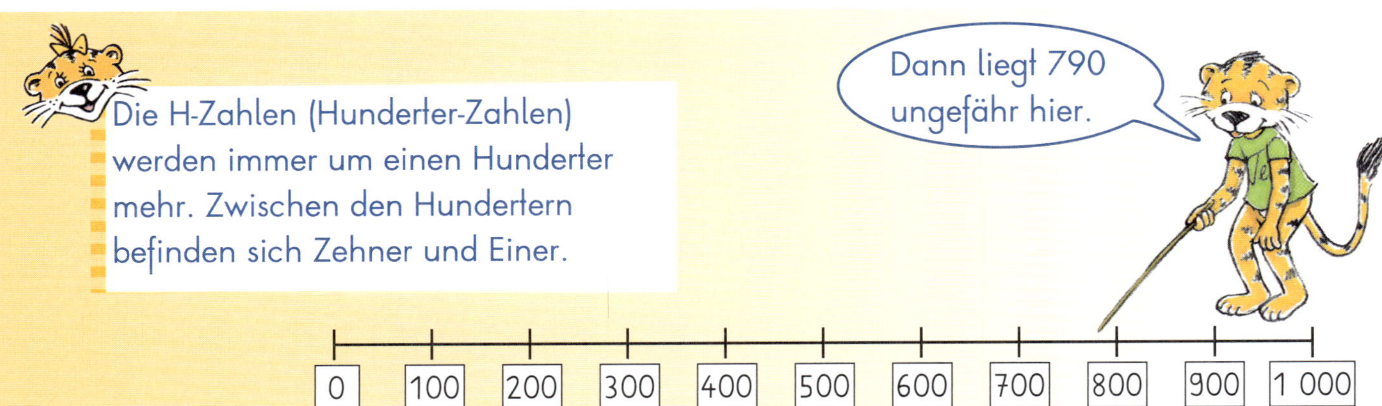

1. Ergänze die H-Zahlen. Trage die Zahlen auf dem Rechenstrich ein, wo sie ungefähr liegen.

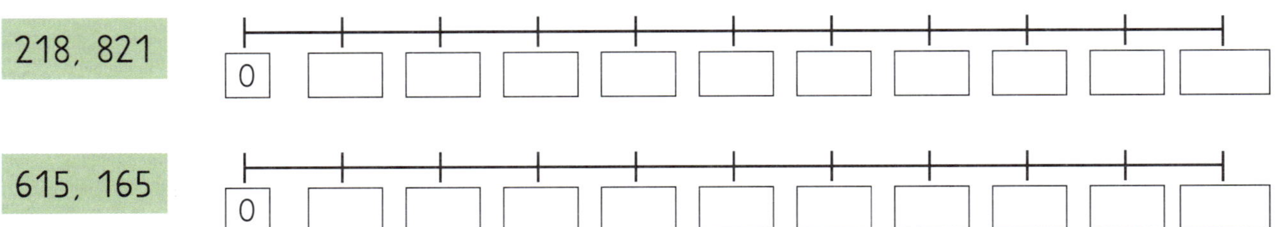

2. Trage die Zahlen am Rechenstrich ungefähr ein.

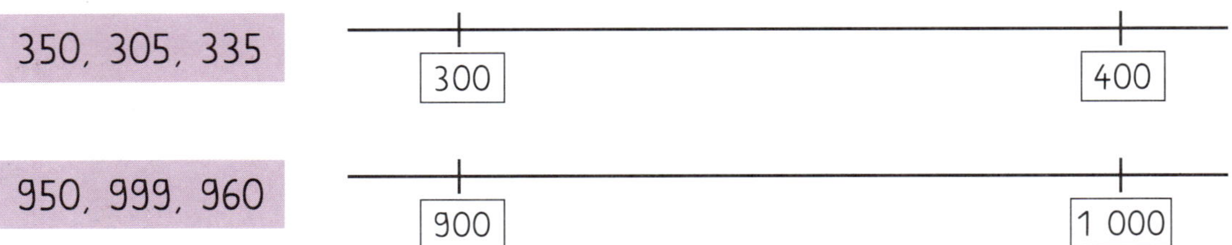

3. Trage die beiden Nachbarhunderter am Rechenstrich ein.

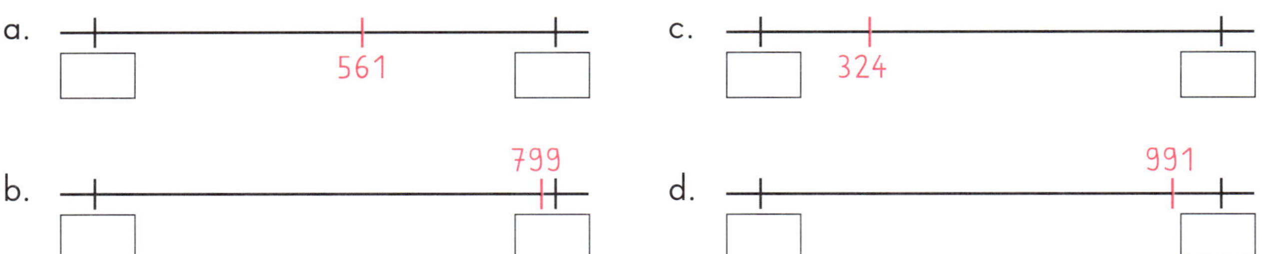

4. Zahlenrätsel.

Die Zahl liegt in der Mitte von 500 und 600.	Wie viele Zahlen befinden sich zwischen 460 und 470?	Die Zahl liegt genau vor 1 000.

Zahlen bis 1 000 – Zahlennachbarn

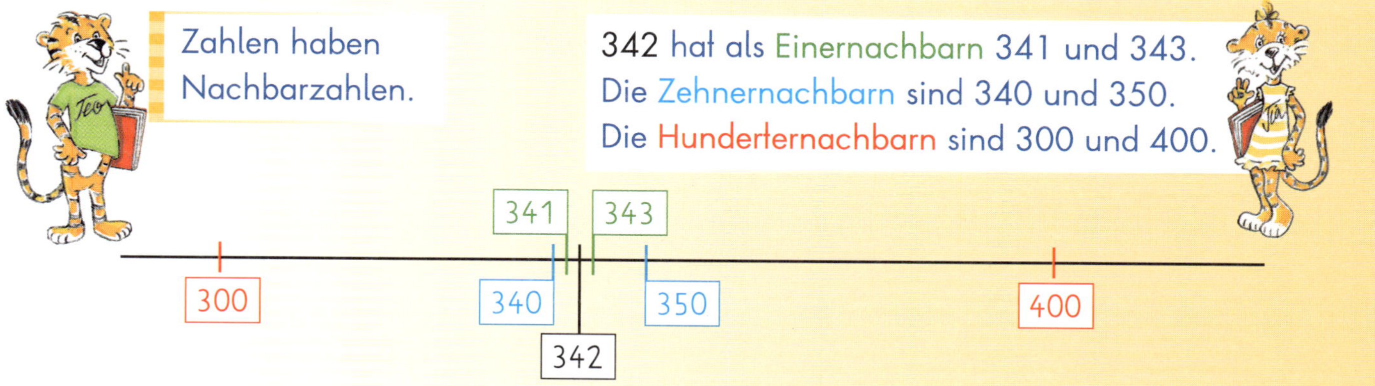

1. Ergänze.

H-Vorgänger	Z-Vorgänger	E-Vorgänger	ZAHL	E-Nachfolger	Z-Nachfolger	H-Nachfolger
			451			
			389			
			264			

2. Was liegt der gegebenen Zahl näher? H-Vorgänger oder H-Nachfolger? Kreuze an.

	H-Vorgänger	ZAHL	H-Nachfolger	
☐	800	892	900	☐
☐	300	314	400	☐
☐	600	650	700	☐

3. Was liegt der gegebenen Zahl näher? Z-Vorgänger oder Z-Nachfolger? Kreuze an.

	Z-Vorgänger	ZAHL	Z-Nachfolger	
☐	420	423	430	☐
☐	240	245	250	☐
☐	560	564	570	☐

Liegt die Zahl näher beim H-Vorgänger bzw. Z-Vorgänger, so wird abgerundet.

 420 423 430 ☐

Liegt die Zahl näher beim H-Nachfolger bzw. Z-Nachfolger, so wird aufgerundet.

☐ 420 429 430 ☒

Liegt die Zahl jedoch genau in der Mitte, so muss auf den H-Nachfolger bzw. den Z-Nachfolger gerundet werden.

 425 430 

Zahlenrätsel

1. Suche mögliche Fehler in den Zahlwörtern. Schreibe die Zahl.

siebenhundertunddreiundachtzig: ______

fünfundhundertvierzig: ______

achthundertzwölf: ______

vierundhundertundneunzwanzig: ______

2. Kreise die richtige Zahl ein.

einhundertzweiundsiebzig		
100 72	127	172

zweihundertfünfzig		
250	200 50	520

neunhunderteinundachtzig		
918	981	900 180

fünfhundertsiebenundzwanzig		
527	500 27 20	752

3. Zeichne die Pfeile → richtig ein und beginne bei der kleinsten Zahl.

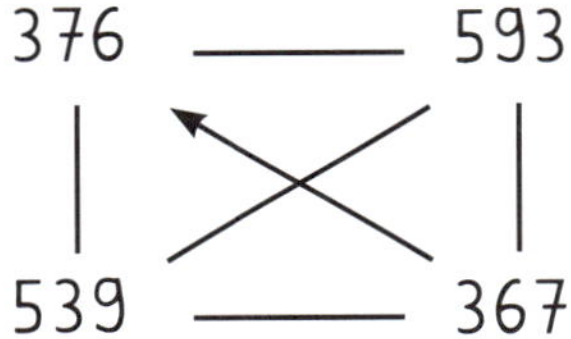

4. Zeichne die Pfeile → richtig ein und beginne bei der größten Zahl.

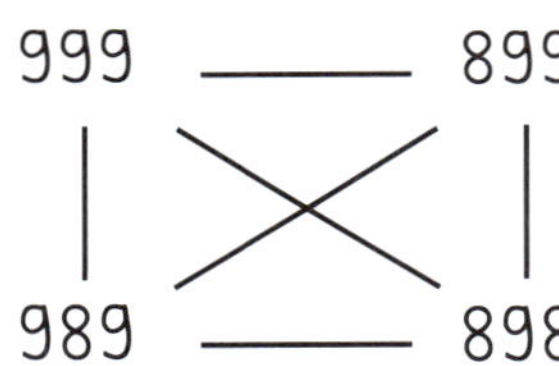

5. Wie heißt die kleinste dreistellige Zahl mit der Ziffer 7 an der Hunderterstelle?

H	Z	E

6. Wie heißt die größte dreistellige Zahl mit drei gleichen Ziffern?

H	Z	E

7. Wie heißt die kleinste dreistellige Zahl mit geraden Ziffern?

H	Z	E

Ich kann Plus- und Minusrechnungen ohne Über- und Unterschreitung lösen.

Plus- und Minusrechnen im Zahlenraum 1 000 ohne Über- und Unterschreitung

Diese Rechnungen lassen sich in einem Rechenschritt lösen.

H	Z	E
■	‖‖‖	▪▪▪▪

Achte auf Hunderter, Zehner und Einer.

1. Löse diese Aufgaben und zeichne. Arbeite in deinem Heft.

400 + 30 = 430   400 + 3 = 403   400 + 35 = 435

500 + 20 =   700 + 8 =   400 + 62 =

300 + 7 =   900 + 53 =   200 + 30 =

600 + 86 =   100 + 40 =   800 + 5 =

2. Löse und zeichne. Arbeite in deinem Heft.

210 + 8 = 218   210 + 80 = 290   210 + 400 = 610

340 + 8 =   650 + 20 =   804 + 4 =

530 + 50 =   980 + 3 =   360 + 600 =

210 + 400 =   103 + 5 =   720 + 60 =

702 + 7 =   470 + 200 =   570 + 10 =

3. Löse und zeichne. Arbeite in deinem Heft.

280 − 30 = 250   208 − 3 = 205   208 − 100 = 108

480 − 30 =   309 − 7 =   270 − 60 =

910 − 400 =   670 − 40 =   720 − 300 =

805 − 4 =   580 − 200 =   108 − 3 =

4. Miriam fährt mit ihren Eltern auf der Autobahn. Sie sieht einen Wegweiser. Miriam möchte wissen, wie weit es von Melk nach Salzburg ist.

Melk	80 km
Salzburg	290 km

Plus- und Minusrechnen im Zahlenraum 1 000 ohne Über- und Unterschreitung

1. Setze die Päckchen fort.

693 – 10 = ______ 941 – 100 = ______ 279 – 1 = ______
693 – 20 = ______ 941 – 200 = ______ 279 – 2 = ______
693 – 30 = ______ 941 – 300 = ______ 279 – 3 = ______

2. Löse und zeichne in deinem Heft.

236 + 200 = 436

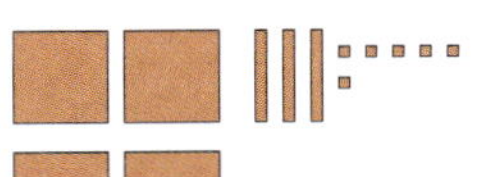

236 + 20 = 256

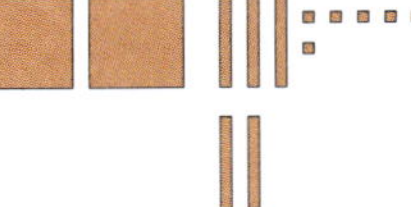

236 + 2 = 238

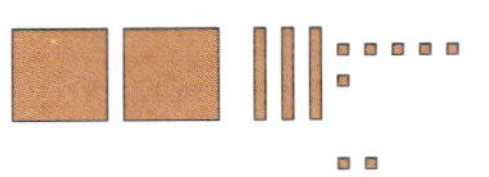

613 + 200 = 546 + 30 = 367 + 600 =
426 + 40 = 238 + 400 = 816 + 2 =
351 + 5 = 771 + 8 = 914 + 70 =

3. Zeichne und rechne.

357 – 100 = 257 357 – 40 = 317 357 – 4 = 353

746 – 200 = 283 – 60 = 965 – 3 =
365 – 50 = 519 – 4 = 741 – 300 =
418 – 7 = 847 – 500 = 673 – 20 =

4. Bei diesen Aufgaben haben sich Fehler eingeschlichen.
Verbessere sie und begründe deine Lösung.

438 – 20 = 238 Richtig ist ______,
weil ______________________________.

874 – 3 = 844 Richtig ist ______,
weil ______________________________.

654 – 200 = 652 Richtig ist ______,
weil ______________________________.

Plus- und Minusrechnen im Zahlenraum 1 000 mit Über- und Unterschreitung

Diese Aufgaben lassen sich in einem Rechenschritt lösen.

200 – 30 = 170

Es muss aber genau überlegt werden, wie Zehnerstangen oder Einer von einer H-Zahl (Hunderter-Zahl) weggenommen werden können.

200 – 3 = 197

1. Löse.

700 – 40 =
500 – 6 =
300 – 20 =
200 – 9 =
600 – 50 =

400 – 70 =
800 – 90 =
900 – 4 =
100 – 2 =
300 – 30 =

200 – 10 =
700 – 8 =
400 – 1 =
900 – 60 =
1 000 – 10 =

Überlege, wie du Zehnerstangen zu Hundertern und Zehnern dazurechnest.

H Z E   Z E
370 + 50 =

37 Z + 5 Z = 42 Z
42 Z = 420

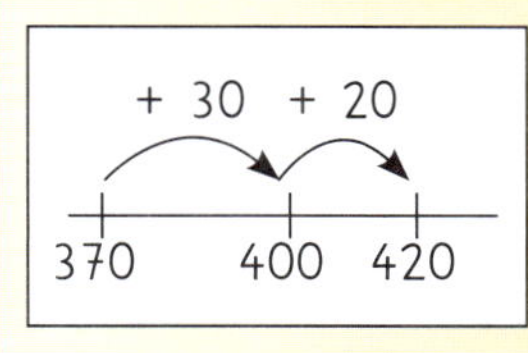

H Z E   Z E
320 + 90 =

320 + 100 = 420
420 – 10 = 410

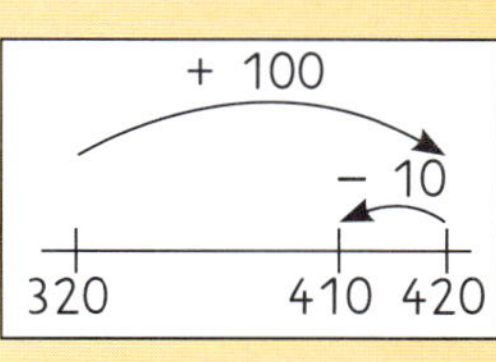

2. Wie rechnest du? Wähle einen passenden Weg.

350 + 80 =
270 + 50 =
620 + 90 =

840 + 70 =
580 + 40 =
490 + 60 =

190 + 20 =
750 + 60 =
830 + 80 =

Bei 620 – 5 denke ich an die kleine Aufgabe 20 – 5.
20 – 5 = 15
620 – 5 = 615

3. Finde kleine Aufgaben als Hilfe. Arbeite in deinem Heft.

310 – 6 = ______
840 – 9 = ______
260 – 50 = ______
630 – 8 = ______

450 – 40 = ______
980 – 20 = ______
520 – 2 = ______
770 – 5 = ______

1. Löse mit Hilfe einer kleinen Aufgabe. Arbeite in deinem Heft.

603 + 8 → 3 + 8 + 600

308 + 4 =	501 + 9 =	202 + 9 =
605 + 6 =	907 + 5 =	804 + 9 =
409 + 8 =	706 + 6 =	105 + 7 =

2. Setze das Päckchen fort.

602 – 1 = ____	306 – 6 = ____	205 – 5 = ____
602 – 2 = ____	306 – 7 = ____	205 – 6 = ____
602 – 3 = ____	____	____
602 – 4 = ____	____	____
____	____	____

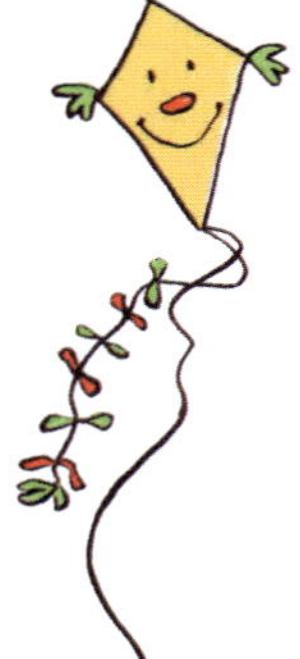

3. Löse.

107 – 8 =	201 – 9 =	603 – 4 =
508 – 9 =	403 – 5 =	307 – 9 =
709 – 9 =	604 – 8 =	905 – 7 =

4. Beachte den Rechenvorteil bei + 90 und + 9. Arbeite in deinem Heft.

+ 90

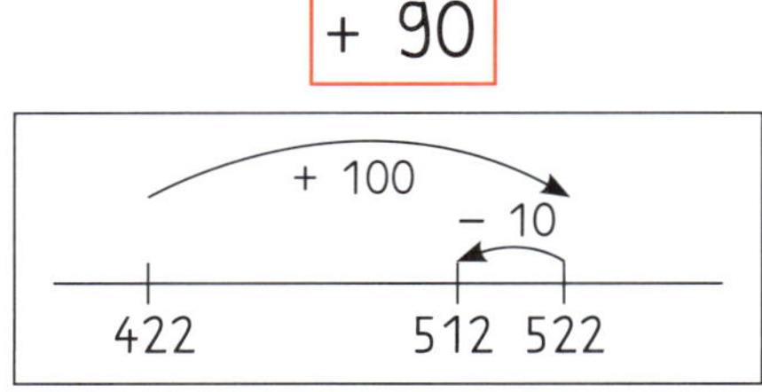

+ 9

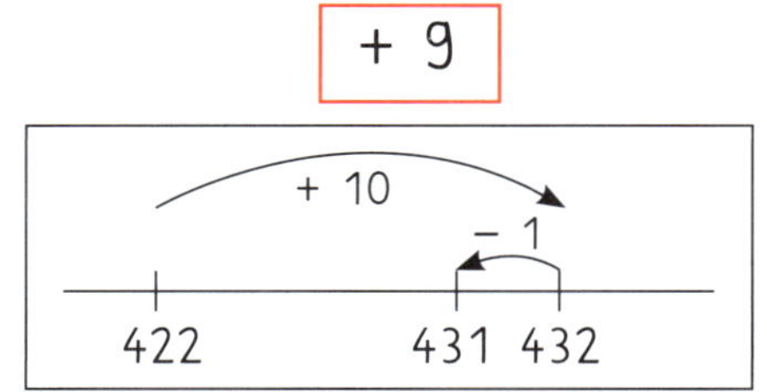

422 + 90 = ____	134 + 90 = ____	643 + 90 = ____
422 + 9 = ____	134 + 9 = ____	643 + 9 = ____

859 + 9 = ____	783 + 90 = ____	504 + 90 = ____
859 + 90 = ____	783 + 9 = ____	504 + 9 = ____

Zehner-Überschreitung

258 + 6 =

Hier denke ich an die kleine
Rechnung: 58 + 6 = **64**
Dann ist **258 + 6 = 264**

Hunderter-Überschreitung

253 + 60 =

Hier denke ich an das Bündeln:
253 = 2 H 5 Z 3 E = **25 Z** 3 E
60 = **6 Z**
25 Z + 6 Z = 31 Z   31 Z = 310
310 + 3 = 313

1. Schreibe die Zahlen in der Stellenwertschreibweise.

593 = 5 H 9 Z 3 E = 59 Z 3 E

421 = ______	203 = ______
684 = ______	519 = ______
245 = ______	737 = ______
852 = ______	328 = ______

2. Löse wie Tia und Teo. Arbeite in deinem Heft.

386 + 40 =	517 + 6 =	698 + 60 =
278 + 5 =	783 + 40 =	859 + 3 =
421 + 90 =	928 + 8 =	134 + 80 =

Zehner-Unterschreitung

253 – 6 =

Hier denke ich an die kleine
Rechnung: 53 – 6 = **47**
Dann ist **253 – 6 = 247**

Hunderter-Unterschreitung

253 – 60 =

Hier denke ich an das Bündeln:

253 = 2 H 5 Z 3 E = **25 Z** 3 E
60 = **6 Z**
25 Z – 6 Z = 19 Z   19 Z = 190
190 + 3 = 193

3. Löse wie Tia und Teo.

527 – 70 = ______	751 – 3 = ______	839 – 40 = ______
623 – 8 = ______	914 – 30 = ______	294 – 6 = ______
438 – 50 = ______	322 – 5 = ______	475 – 90 = ______

Plusrechnen im Zahlenraum 1 000 mit großen Zahlen

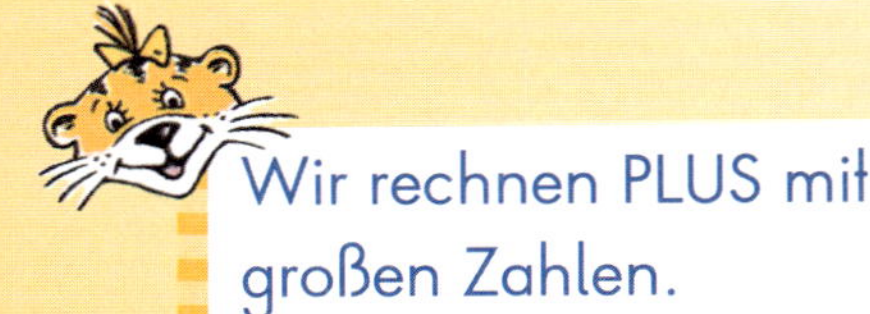

347 + 235 =
654 + 199 =

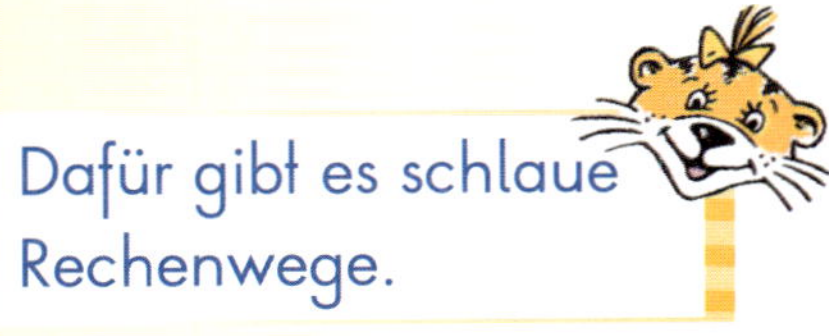

	Stellenweise	Schrittweise	Hilfsaufgabe mit H-Zahlen
mit Zahlen	347 + 235 = 582 300 + 200 = 500 40 + 30 = 70 7 + 5 = 12	347 + 235 = 582 347 + 200 + 30 + 5 =	654 + 199 = 853 654 + 200 = 854 854 − 1 = 853
am Rechenstrich		+ 200 + 30 + 5 347 547 577 582	+ 200 − 1 654 853 854

1. Wie rechnest du? Notiere deinen Rechenweg. Warum hast du diesen Weg gewählt?

263 + 418 =

478 + 299 =

582 + 336 =
582 + 300 =
882 + 30 =
+ =

375 + 446 =

399 + 217 =

258 + 384 =

2. Wähle eigene Aufgaben und löse diese.

Minusrechnen im Zahlenraum 1 000 mit großen Zahlen

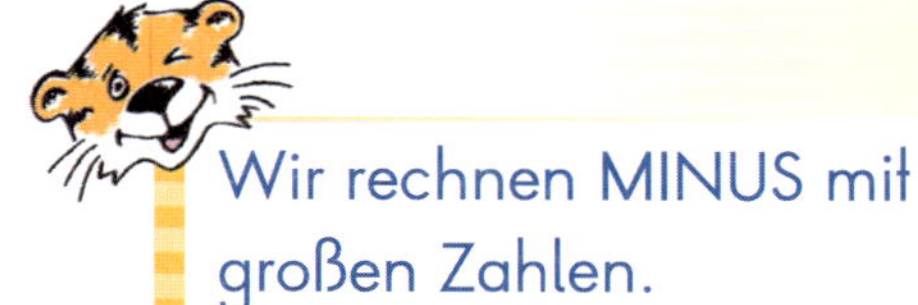

626 – 363 =
362 – 359 =
523 – 198 =

Dafür gibt es schlaue Rechenwege.

	Schrittweise	Ergänzen	Hilfsaufgabe mit H-Zahlen
mit Zahlen	626 – 363 = 263 626 – 300 = 326 326 – 60 = 266 (32 Z – 6 Z = 26 Z) 266 – 3 = 263	362 – 359 = 3 359 + ___ = 362 Diese Zahlen liegen nahe am Zahlenstrahl.	523 – 198 = 325 523 – 200 = 323 323 + 2 = 325
am Rechenstrich	– 3 E – 6 Z – 3 H 263 266 326 626 32 Z – 6 Z	+ 3 359 362	– 200 + 2 323 325 523

1. Wie rechnest du? Notiere deinen Rechenweg. Warum hast du diesen Weg gewählt?

725 – 399 = ___

817 – 458 = ___

489 – 293 = ___

645 – 639 = ___

573 – 268 = ___

981 – 499 = ___

2. Wähle eigene Aufgaben und löse diese.

Malnehmen und Teilen im Zahlenraum 1 000

Beim Malnehmen mit 10 rücken alle Ziffern in der Stellenwerttabelle eine Stelle nach links.

Aus Einer werden Zehner. Aus Zehner werden Hunderter. Die Einerstelle bleibt leer und wird mit einer Null belegt.

23 • 10 =

H	Z	E
	2	3
2	3	0

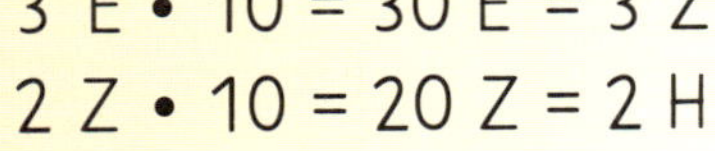

3 E • 10 = 30 E = 3 Z

2 Z • 10 = 20 Z = 2 H

1. Ergänze und löse.

34 • 10 =   61 • 10 =   42 • 10 =   58 • 10 =   75 • 10 =   29 • 10 =

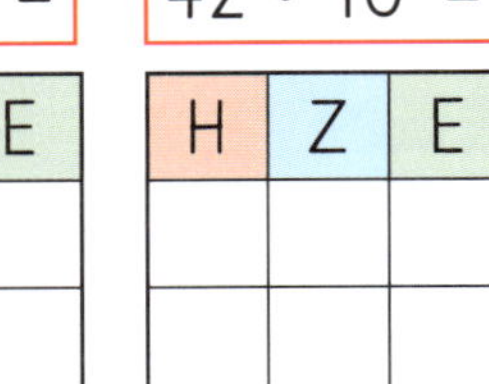

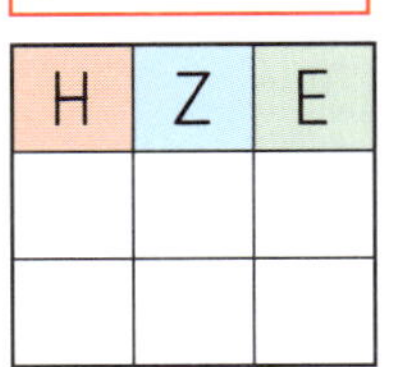

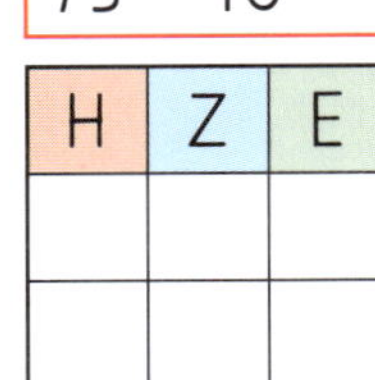

H	Z	E

Beim Teilen durch 10 rücken alle Ziffern eine Stelle nach rechts.

Aus Zehner werden Einer. Aus Hunderter werden Zehner.

230 : 10 =

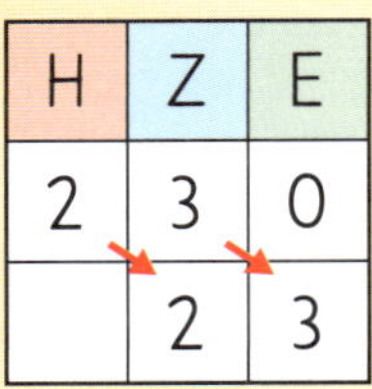

H	Z	E
2	3	0
	2	3

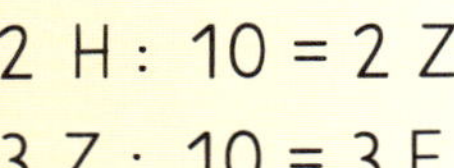

2 H : 10 = 2 Z

3 Z : 10 = 3 E

2. Ergänze und löse.

450 : 10 =   920 : 10 =   810 : 10 =   370 : 10 =   240 : 10 =   530 : 10 =

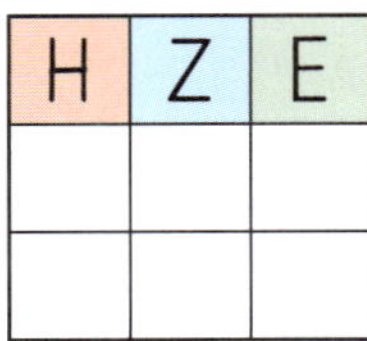

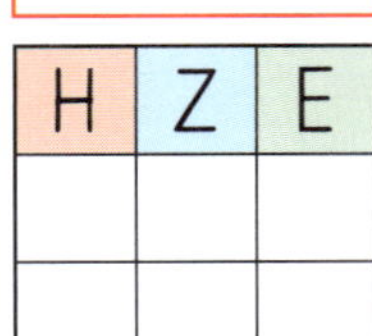

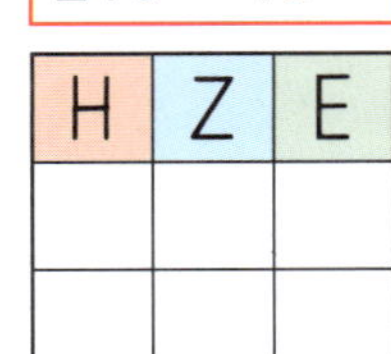

H	Z	E

3. Malnehmen und teilen. Arbeite in deinem Heft.

34 • 10 = ______	450 : 10 = ______	10 • 23 = ______
560 : 10 = ______	66 • 10 = ______	23 • 10 = ______
10 • 78 = ______	820 : 10 = ______	390 : 10 = ______

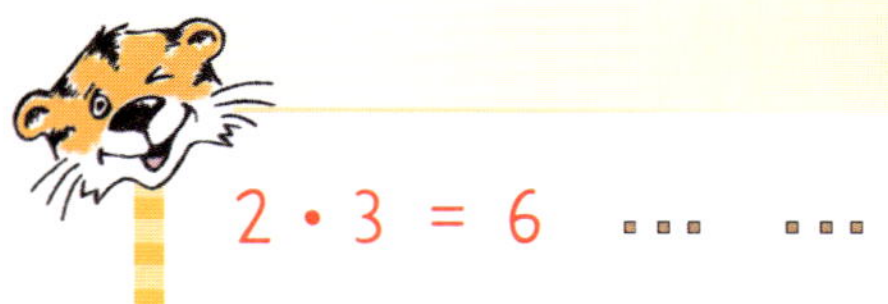

2 • 3 = 6

2 • 30 = 60

1. Erkenne die Zusammenhänge.

5 • 7 =	3 • 8 =	6 • 4 =	7 • 3 =
5 • 70 =	3 • 80 =	6 • 40 =	7 • 30 =
70 • 5 =	80 • 3 =	40 • 6 =	30 • 7 =

2. Erkenne die Zusammenhänge.

3 • 60 =

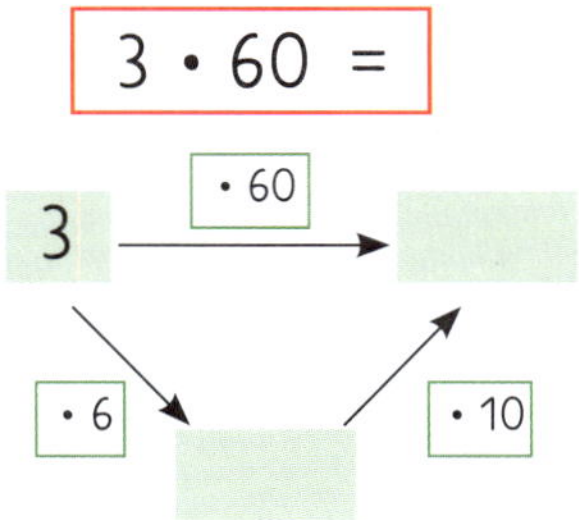

4 • 80 =

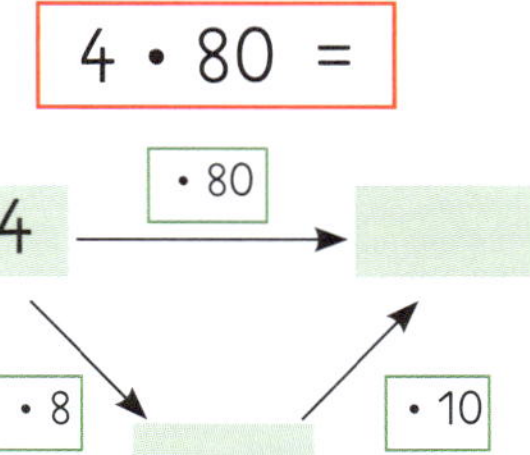

6 • 30 =

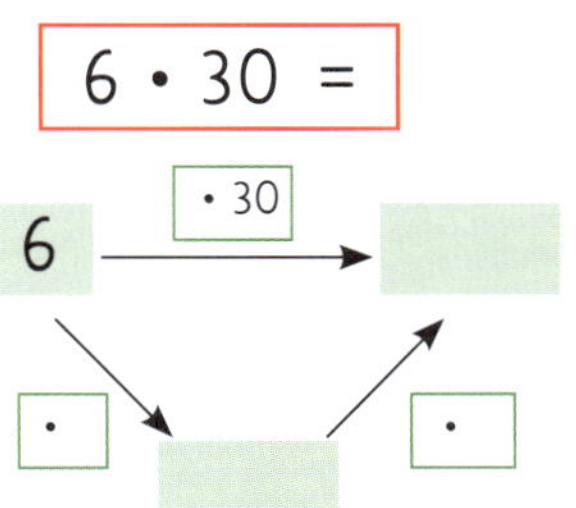

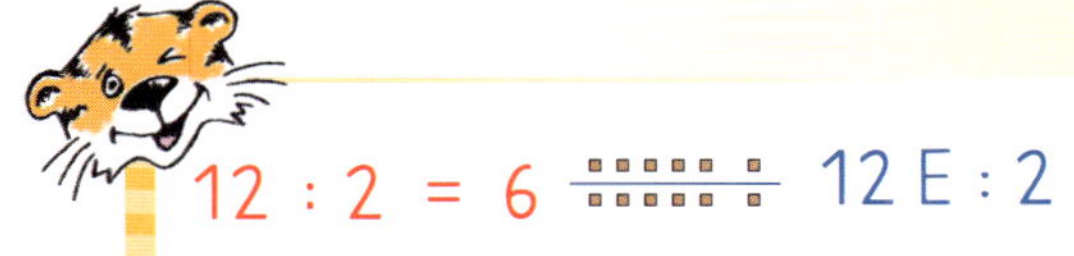

12 : 2 = 6 12 E : 2

120 : 2 = 60

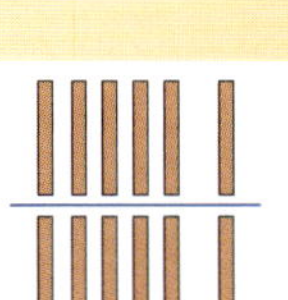

12 Z : 2

3. Erkenne die Zusammenhänge.

48 : 8 =	56 : 7 =	27 : 9 =	72 : 8 =
480 : 8 =	560 : 7 =	270 : 9 =	720 : 8 =

4. Erkenne die Zusammenhänge.

180 : 30 =

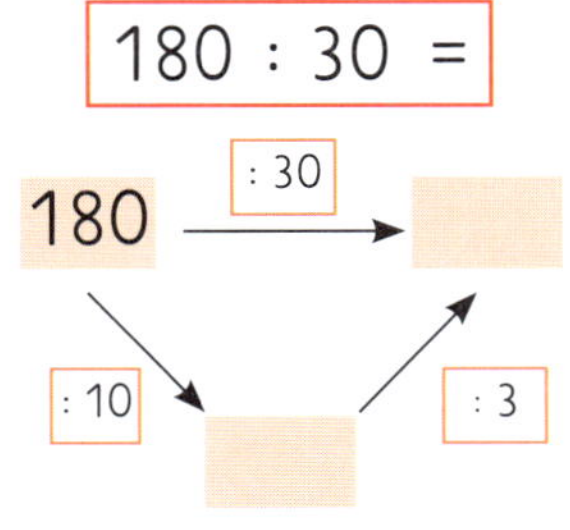

320 : 40 =

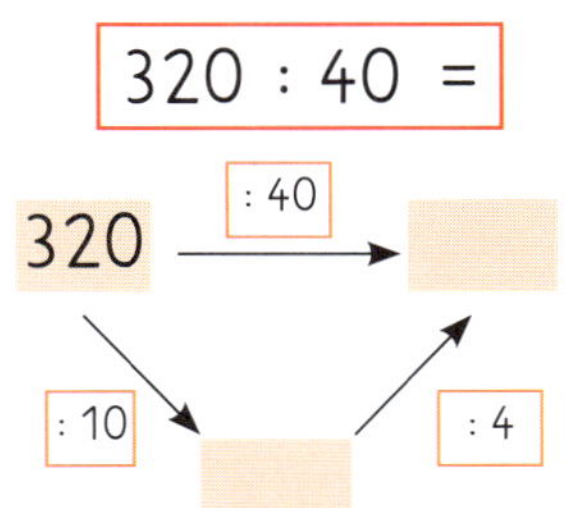

270 : 90 =

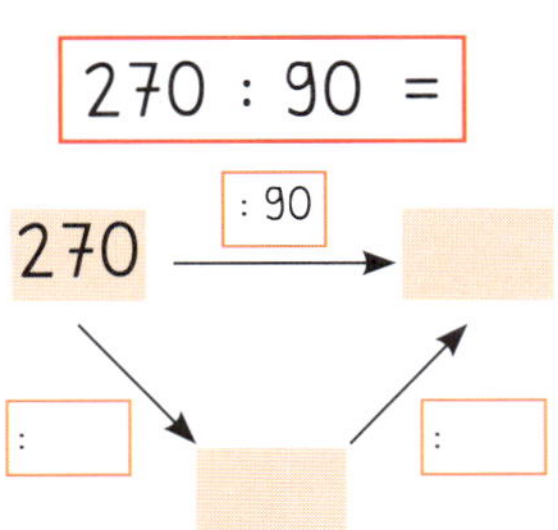

5. Erkenne die Zusammenhänge. Beschreibe sie und rechne.

21 : 3 = ____	35 : 5 = ____	24 : 8 = ____	30 : 6 = ____
210 : 3 = ____	350 : 5 = ____	240 : 8 = ____	300 : 6 = ____
210 : 30 = ____	350 : 50 = ____	240 : 80 = ____	300 : 60 = ____

Malnehmen im Zahlenraum 1 000 mit großen Zahlen

Große Malaufgaben können so aufgeschrieben werden:

3 • 14 = 42
3 • 10 = 30
3 • 4 = 12

Lösung

3 • 14

Ich kenne eine kurze Form. Ich notiere nur die Ergebnisse von 3 • 10 und 3 • 4.

3 • 14 = 42
30, 12

1. Löse wie Teo.

4 • 16 =
4 • 10 =
• 6 =

5 • 18 =

6 • 13 =

7 • 12 =

2. Löse wie Tia.

5 • 19 =

3 • 17 =

6 • 15 =

4 • 14 =

Auch Malaufgaben mit großen Zahlen lassen sich so lösen.

3 • 45 = 135
3 • 40 = 120
3 • 5 = 15

oder: 3 • 45 = 135
120, 15

3 • 245 = 735
3 • 200 = 600
3 • 40 = 120
3 • 5 = 15

oder: 3 • 245 = 735
600, 120, 15

3. Wähle deine Schreibweise. Lange oder kurze Form. Arbeite in deinem Heft.

4 • 27 = 2 • 139 = 3 • 216 = 6 • 87 =

Für große Malaufgaben verwende ich das Malkreuz.

12 • 14 =

•	10	4
10	100	40
2	20	8

168

4. Löse mit dem Malkreuz.

16 • 24 =

•		

36 • 23 =

•		

25 • 38 =

•		

Teilen im Zahlenraum 1 000 mit großen Zahlen

Die 4er-Schritte bis 40 kann ich. Daher zerlege ich.

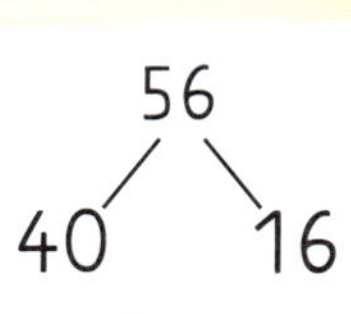

56 → 40 und 16

Große Teilungsaufgaben können so aufgeschrieben werden.

56 : 4 = 14
40 : 4 = 10
16 : 4 = 4

1. Löse wie Tia.

72 : 6 =
60 : 6 =
: 6 =

42 : 3 =

65 : 5 =

84 : 7 =

38 : 2 =

2. Löse diese Teilungsaufgaben durch Zerlegen der Zahlen. → 636 = 600 + 30 + 6

636 : 6 =
600 : 6 =
30 : 6 =
: 6 =

369 : 3 =

482 : 2 =

440 : 2 =

10 · 13 = 130
So ist 130 : 13 = 10
Ich rechne in Schritten.

143 : 13 = 11
130 : 13 = 10
13 : 13 = 1

3. Löse wie Teo.

132 : 12 =
120 : 12 =
: 12 =

240 : 20 =

176 : 16 =

165 : 15 =

4. Für echte Rechenprofis! Suche nach Zahlzerlegungen, die sich gut teilen lassen.

741 : 3 = 247
600 : 3 = 200
Rest (141 : 3)
120 : 3 = 40
Rest (21 : 3)
21 : 3 = 7

638 : 2 =
=
Rest ( )
=
Rest ( )
=

976 : 4 =
=
Rest ( )
=
Rest ( )
=

Ich kann schriftliche Additionen ohne Übergang lösen.

Schriftliche Addition ohne Übergang

Wir addieren mit der Stellenwerttabelle.

243 + 324

Ich beginne bei den Einern und addiere Stelle für Stelle.

H	Z	E
■ ■	||||	::
■ ■ ■	||	::::
5	6	7

H	Z	E
2	4	3
3	2	4
5	6	7

1. Zeichne und schreibe als Rechnung.

435 + 232 =

H	Z	E

H	Z	E
4	3	5
2	3	2

2. Zeichne und schreibe als Rechnung.

342 + 433 =

H	Z	E

H	Z	E

3. Zeichne und schreibe als Rechnung.

554 + 132 =

H	Z	E

H	Z	E

Schriftliche Addition mit Übergang

12 Einer? Ich tausche 10 Einer in eine Zehnerstange und addiere sie bei den Zehnern.

435 + 247

Ich notiere einen Zehner (für 10 Einer) bei den Zehnern.

H	Z	E
4 Hunderter, 2 Hunderter	3 Zehner, 4 Zehner + 1	5 Einer, 7 Einer
6	8	2

H	Z	E
4	3	5
2	4 1	7
6	8	2

1. Rechne wie oben.

H	Z	E
4	4	7
2	3	7

H	Z	E
1	6	3
7	2	8

H	Z	E
3	7	4
5	1	8

H	Z	E
4	5	9
3	2	3

H	Z	E
8	2	6
1	5	6

2.

H	Z	E
3	4	4
2	3	6

H	Z	E
7	2	1
2	4	9

H	Z	E
5	3	8
2	4	2

Achte auf die 0 im Ergebnis.

3.

10 Zehner ergeben einen Hunderter.

H	Z	E
4	5	2
2	5	3

H	Z	E
5	7	2
3	3	5

H	Z	E
4	8	5
4	1	7

4. Schreibe stellenwertgerecht untereinander.

38 + 271

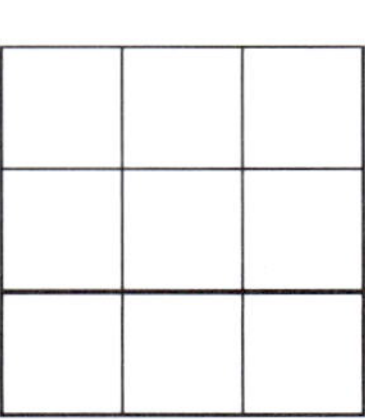

315 + 29

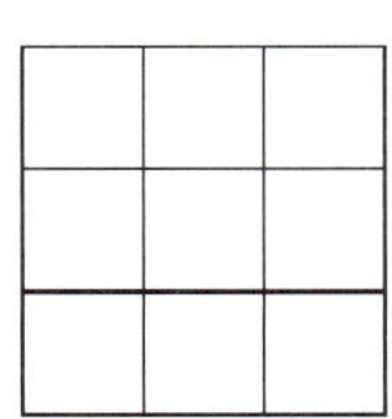

403 + 310

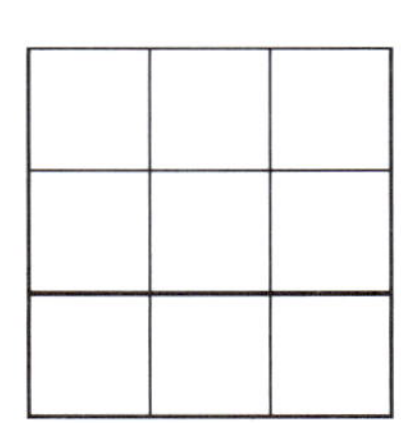

78 + 564

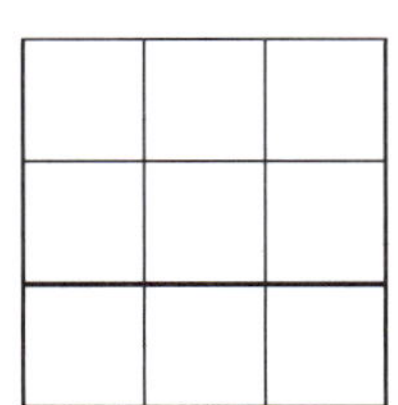

203 + 87

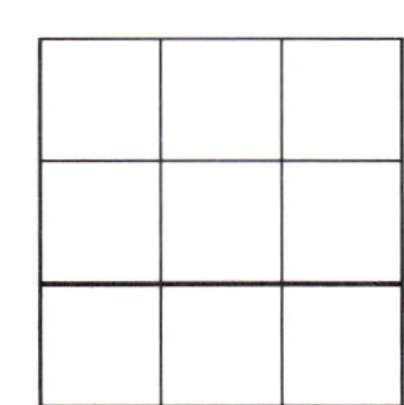

Ich kann Fehler in schriftlichen Additionen richtigstellen.

Schriftliche Addition

492 + 29 = 782

4	9	2
2₁	9	
7	8	2

Kann das stimmen?
Welcher Fehler ist passiert?

Ich mache zuerst einen Überschlag.
Was wird ungefähr herauskommen?

492 + 29 = ______

Ü: 490 + 30 = 520 Ich runde auf Zehner.

1. Berechne zuerst den Überschlag. Runde auf Zehner.

2	9	5
4	2	1

Ü: ______

7	6	1
1	8	9

Ü: ______

5	3	8
2	5	6

Ü: ______

3	0	5
5	9	9

Ü: ______

2. Welche Fehler sind hier passiert? Überschlage zuerst, stelle dann richtig.

2	6	4
3	2	6
5	8	0

Ü: ______

2	2	
4	3	8
6	5	8

Ü: ______

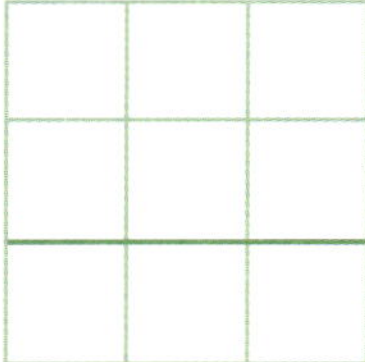

3. Oje! Teo und Tia haben gepatzt. Setze die fehlenden Zahlen ein.

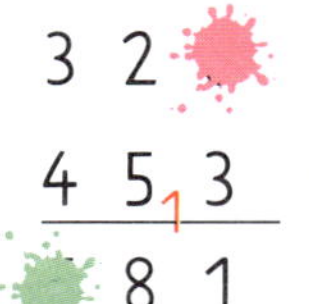

3 2 ▢
4 5₁ 3
▢ 8 1

5 ▢ 9
3 6₁ ▢
8 9 4

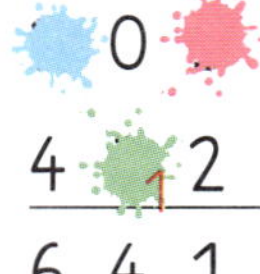

▢ 0 ▢
4 ▢₁ 2
6 4 1

6 7 3
▢₁ ▢ ▢
8 3 4

▢ ▢ ▢
3₁ 5 4
6 3 8

4. Addiere 536 und 277.

Addiere 251, 156 und 327.

Rechne 5 · 5 und addiere 475.

Addiere 251 und 71.

Erfinde Additionen mit zwei dreistelligen Zahlen.
Das Ergebnis soll gerade sein.
Das Ergebnis soll ungerade sein.

Ich kenne mich mit der Kommaschreibweise beim Geld aus.

Geldbeträge in Kommaschreibweise

1. Tia und Teo verkaufen selbst gebastelte Dinge für einen guten Zweck.

Tia und Teo beraten, ob sie die Preise in Kommaschreibweise oder mit beiden Bezeichnungen (Euro und Cent) oder nur in Cent angeben sollen. Vervollständige die Tabelle. Welche Schreibweise würdest du wählen und warum?

	Komma-schreibweise	Euro und Cent	Cent
Fingerpuppe	2,50 €	2 € 50 c	250 c
Karte klein	0,90 €		
Karte groß			
Blume			
Stern			
Lesezeichen			

Tipp: Das Komma trennt Euro und Cent. Für den Centbetrag müssen 2 Stellen bedacht werden.
z. B.: 5 € 20 c = 5,20 €
5 € 2 c = 5,02 €

2. Tia und Teo verkaufen viele Sachen. Sie erstellen Rechnungen. Überprüfe diese. Bessere die Fehler aus.

3,20 €
1,25 €
0,90 €
4,35 €

2,50 €
1,25 €
2,15 €
5,90 €

2,50 €
1,25 €
1,25 €
1,50 €
6,50 €

2,50 €
1,25 €
2,15 €
0,90 €
6,80 €

2,50 €
1,25 €
2,15 €
2,15 €
7,05 €

3,20 €
0,90 €
1,25 €
2,50 €
0,90 €
8,75 €

3. Arbeite in deinem Heft. Berechne die Summen. Wie viel Restgeld bekommen die Kinder?
   a. Lukas kauft zwei große Karten, eine Blume und einen Stern. Er bezahlt mit einem 10-Euro-Schein.
   b. Nadine kauft von allen angebotenen Sachen jeweils eines. Sie bezahlt mit einem 20-Euro-Schein.
   c. Mia kauft fünf Blumen und zwei Sterne. Sie bezahlt mit einem 20-Euro-Schein.
   d. Ali hat genau 5 € 60 c in seiner Geldbörse. Was könnte er alles darum kaufen? Hinweis: Es kann auch Geld übrig bleiben.

Ich kann schriftliche Subtraktionen ohne Übergang lösen.

Schriftliche Subtraktion ohne Übergang

754 – 342

Wir subtrahieren mit der Stellenwerttabelle.
Wie viel muss ich zu 342 dazugeben, damit 754 erreicht wird?

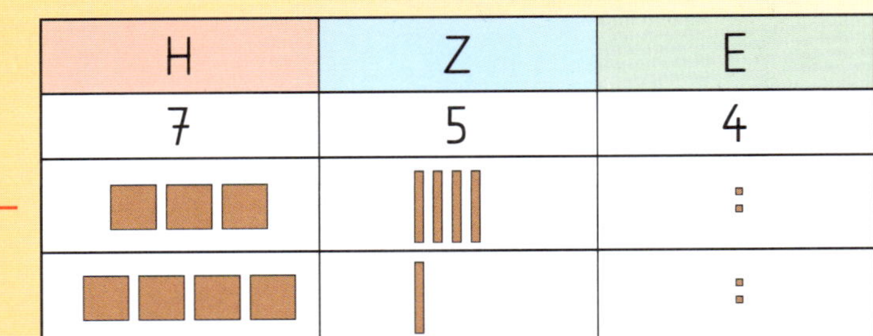

	H	Z	E
	7	5	4
–			

2 E und wie viel sind 4 E ?
4 Z und wie viel sind 5 Z ?
3 H und wie viel sind 7 H ?

754

Ich muss 412 dazugeben.

	H	Z	E
	7	5	4
–	3	4	2
	4	1	2

342 und 412 ergeben zusammen 754.

1. Zeichne und schreibe als Rechnung.

876 – 233 =

	H	Z	E
	8	7	6
–			

876

	H	Z	E
	8	7	6
–	2	3	3

2. Zeichne und schreibe als Rechnung.

758 – 535 =

	H	Z	E
–			

	H	Z	E
–			

Schriftliche Subtraktion mit Übergang

652 − 234

	H	Z	E
	6	5	2
−	2	3 1	4
	4	1	8

Durch das Dazugeben von 8 Einern erhält man 12 Einer.
Dadurch gewinnt man einen Zehner,
der in die Zehnerspalte kommt.
3 Zehner und 1 Zehner sind 4 Zehner.
4 Zehner und wie viel ergeben 5 Zehner? → 1 Zehner
2 Hunderter und wie viel ergeben 6 Hunderter?
→ 4 Hunderter

1. Subtrahiere und mache eine Addition zur Probe.

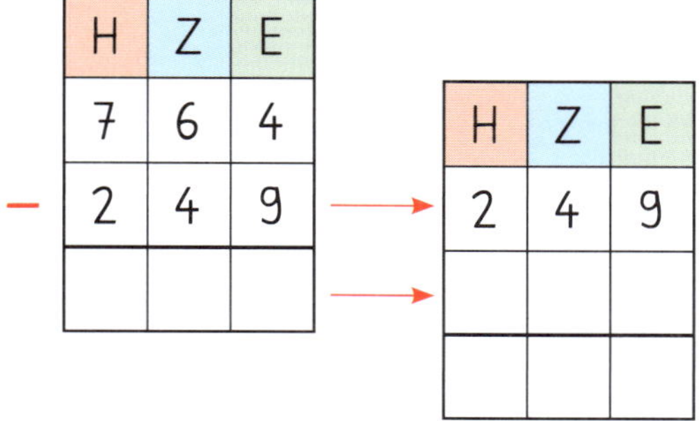

	H	Z	E
	7	6	4
−	2	4	9

→

H	Z	E
2	4	9

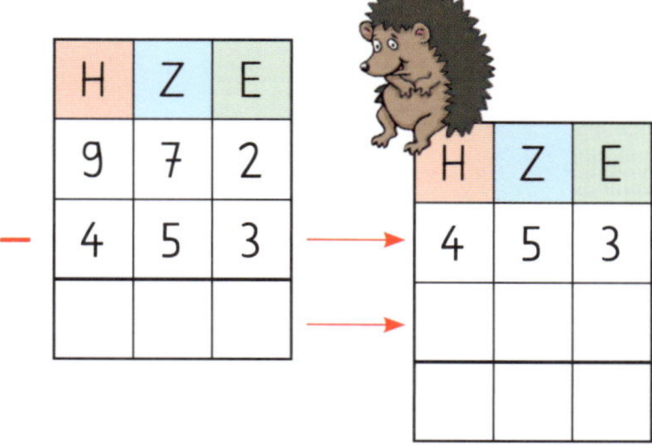

	H	Z	E
	9	7	2
−	4	5	3

→

H	Z	E
4	5	3

2. Rechne in deinem Heft. Achtung bei der 0.

650	750	670	805	907	580	340	905	409
− 238	− 429	− 357	− 243	− 534	− 255	− 129	− 527	− 317

3. Schreibe stellenwertgerecht untereinander und löse.

572 − 63 =

	H	Z	E
−			

894 − 28 =

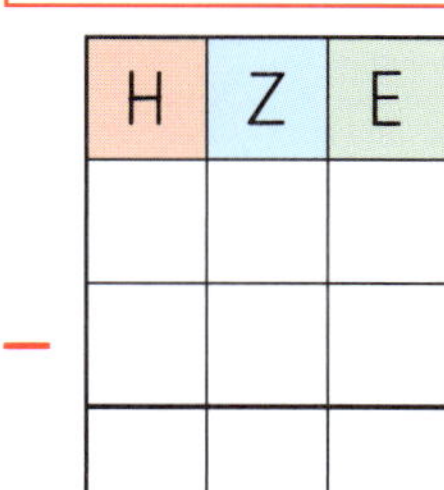

765 − 37 =

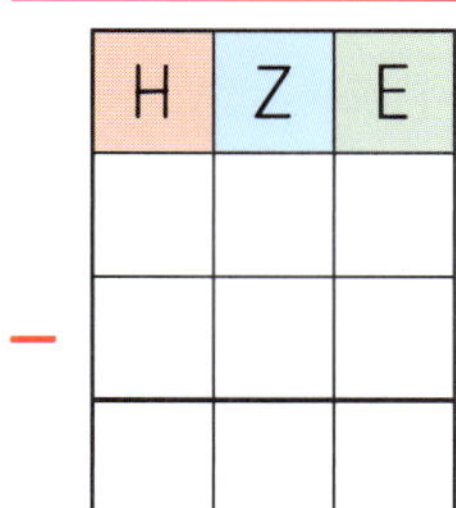

972 − 48 =

	H	Z	E
−			

4. Welche Fehler sind hier passiert? Überschlage zuerst, stelle dann richtig.

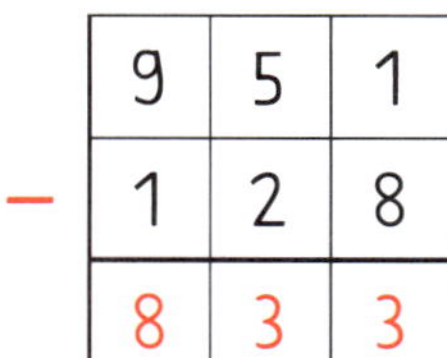

	9	5	1
−	1	2	8
	8	3	3

−			

	7	4	2
−	1	9	
	5	5	2

−			

Ü: ______________________

Ü: ______________________

Schriftliche Subtraktion

932 – 384

	H	Z	E
	9	3	2
–	3_1	8_1	4
	5	4	8

Durch das Dazugeben von 8 Einern erhält man 12 Einer.
Ein Zehner kommt in die Zehnerspalte.
9 Zehner und 4 Zehner sind 13 Zehner. Man gewinnt einen Hunderter, dieser kommt in die Hunderterspalte.
4 Hunderter und wie viel ergeben 9 Hunderter?
→ 5 Hunderter

1. Berechne zuerst den Überschlag. Runde auf Zehner.

$$\begin{array}{r} 621 \\ -\ 238 \\ \hline \end{array} \qquad \begin{array}{r} 852 \\ -\ 479 \\ \hline \end{array} \qquad \begin{array}{r} 533 \\ -\ 357 \\ \hline \end{array} \qquad \begin{array}{r} 742 \\ -\ 243 \\ \hline \end{array}$$

Ü: ______ Ü: ______ Ü: ______ Ü: ______

2. Ist hier ein Fehler passiert? Wenn nötig, stelle richtig und erkläre.

	H	Z	E
	8	5	3
–	7	5	8
	1	0	5

Kreuze an:
- ☐ Alles OK
- ☐ Fehler bei der Einerstelle
- ☐ Fehler bei der Zehnerstelle
- ☐ Fehler bei der Hunderterstelle

Ü: ______

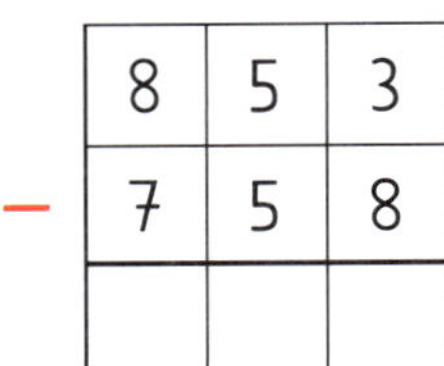

	8	5	3
–	7	5	8

	H	Z	E
	5	4	0
–	3	2	3
	3	2	0

Kreuze an:
- ☐ Alles OK
- ☐ Fehler bei der Einerstelle
- ☐ Fehler bei der Zehnerstelle
- ☐ Fehler bei der Hunderterstelle

Ü: ______

	5	4	0
–	3	2	3

3. Löse und arbeite in deinem Heft.

Bilde eine Subtraktion mit diesen Zahlen: 258 und 493.

Subtrahiere zwei Zahlen. Das Ergebnis soll 419 sein.

Subtrahiere 7 · 8 von der Zahl 843.

Subtrahiere zwei erfundene dreistellige Zahlen. Das Ergebnis soll gerade sein.

Schriftliche Multiplikation

Z	E
4	3 • 2
	6
8	0
8	6

Ich rechne kürzer:
2 mal 3 Einer sind 6 Einer,
2 mal 4 Zehner sind 8 Zehner.

Z	E
4	3 • 2
8	6

1. Rechne wie Teo. Zuerst die Einer, dann die Zehner.

Z	E
2	3 • 3

Z	E
2	1 • 4

Z	E
4	2 • 2

Z	E
3	1 • 3

Z	E
2	4 • 2

Multiplizieren mit Übertrag

Z	E
1	4 • 3
4	2

3 mal 4 Einer sind 12 Einer. 2 Einer in die Einerspalte.
10 Einer sind 1 Zehner (Behalteziffer).
3 mal 1 Zehner sind 3 Zehner, dazu kommt 1 Zehner,
also insgesamt 4 Zehner.

2. Multipliziere mit Übertrag. Achte auf die Behalteziffer.

Z	E
2	5 • 5

Z	E
4	8 • 2

Z	E
2	9 • 2

Z	E
3	7 • 7

Z	E
2	4 • 3

3. Rechne genauso mit dreistelligen Zahlen.

HZE
236 • 2
______

HZE
315 • 3
______

HZE
214 • 4
______

HZE
327 • 3
______

HZE
123 • 4
______

4. Hier gibt es zwei Überträge.

257 • 3
______

245 • 3
______

478 • 2
______

136 • 4
______

243 • 4
______

145 • 4
______

485 • 2
______

126 • 5
______

Ich kann schriftliche Multiplikationen mit Überschreitung lösen.

Schriftliche Multiplikation

1. Achte auf die 0.

HZE	HZE	HZE	HZE	HZE
250 • 3	408 • 2	309 • 3	460 • 2	203 • 4

HZE	HZE	HZE	HZE	HZE
180 • 5	270 • 3	190 • 5	109 • 6	240 • 4

Kann das stimmen?

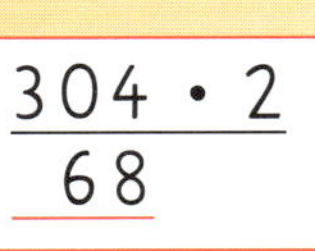
304 • 2
68

Welcher Fehler ist passiert?

Mache zuerst einen Überschlag, runde auf Hunderter.

Ü: 300 • 2 ≈ 600

2. Löse.

295 • 3	408 • 2	207 • 4	319 • 3
Ü:	Ü:	Ü:	Ü:
105 • 5	**311 • 3**	**389 • 2**	**197 • 4**
Ü:	Ü:	Ü:	Ü:

3. Oje. Die Füllfeder hat gepatzt. Setze die fehlenden Zahlen ein.

273 • 3	19 • 5	39 • 2	245 •
1	990	88	980
29 •	**6 • 5**	**29 •**	**• 2**
658	880	774	870

4. Was fällt dir auf?

484 • 2   242 • 4   121 • 8

Immer:
☐ 698 ☐ 869 ☐ 968

124 • 8   248 • 4   496 • 2

Immer:
☐ 992 ☐ 229 ☐ 929

5. Rechne in deinem Heft.

Multipliziere 173 mit 4.

Verdreifache die Zahl 239.

Multipliziere eine erfundene dreistellige Zahl mit 2.
Das Ergebnis soll gerade sein.
Das Ergebnis soll ungerade sein.

Subtrahiere 416 von 672.
Verdreifache das Ergebnis.

Multipliziere 476 mit 2
und subtrahiere dann 358.

Addiere 117 und 231 und verdopple das Ergebnis.

6. Finde fünf Multiplikationen. Das Ergebnis soll zwischen 500 und 900 sein.

7. Finde fünf Multiplikationen. Das Ergebnis soll zwischen 900 und 1 000 sein.

8. Rechne in deinem Heft.

134 • 7 =	429 • 2 =	143 • 6 =	347 • 2 =	348 • 2 =
243 • 4 =	204 • 3 =	174 • 4 =	121 • 7 =	153 • 6 =
301 • 3 =	318 • 2 =	139 • 3 =	149 • 6 =	197 • 2 =
129 • 6 =	162 • 5 =	472 • 2 =	295 • 2 =	274 • 3 =
391 • 2 =	255 • 3 =	261 • 3 =	162 • 4 =	407 • 2 =

Schriftliche Division

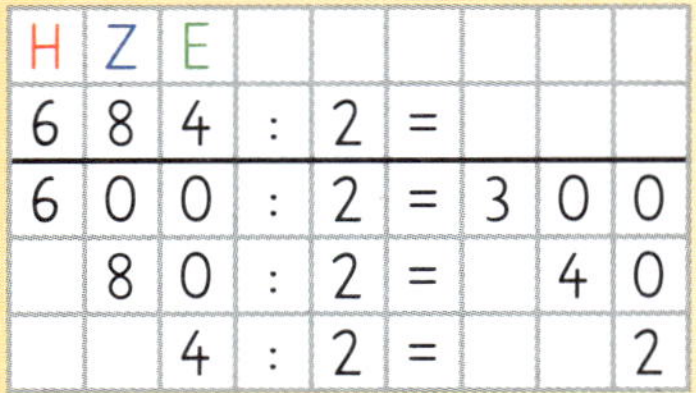

H	Z	E						
6	8	4	:	2	=			
6	0	0	:	2	=	3	0	0
	8	0	:	2	=		4	0
		4	:	2	=			2

6	8	4	:	2	=		
	6	H	:	2	=	3	H
	8	Z	:	2	=	4	Z
	4	E	:	2	=	2	E

So geht es schneller.

	H	Z	E						
	6	8	4	:	2	=	3	4	2
−	6								
	0	8							
	−	8							
		0	4						
		−	4						
			0	R					

Ich schreibe die Multiplikation und die Subtraktion auf.

H	Z	E						
6	8	4	:	2	=	3	4	2
0	8							
	0	4						
		0	R					

1. Rechne zuerst wie Tia, dann kürzer wie Teo.

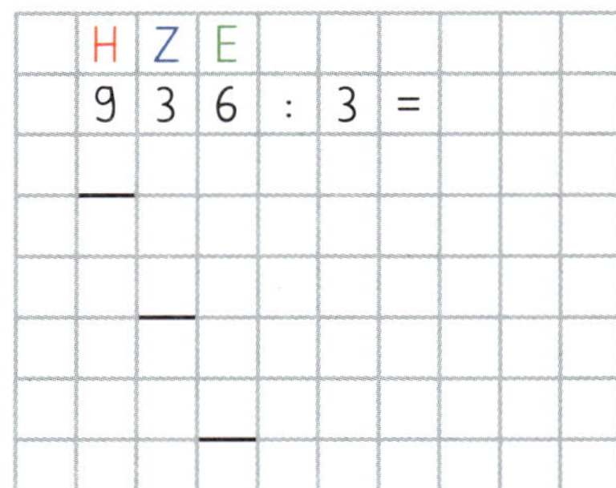

	H	Z	E						
	9	3	6	:	3	=			

	H	Z	E						
	4	8	4	:	4	=			

	H	Z	E						
	4	2	8	:	2	=			

H	Z	E						
9	3	6	:	3	=			

H	Z	E						
4	8	4	:	4	=			

H	Z	E						
4	2	8	:	2	=			

Hier müssen wir tauschen.

7	4	8	:	2	=		
	7	H	:	2	=	3	H
1	4	Z	:	2	=	7	Z
	8	E	:	2	=	4	E

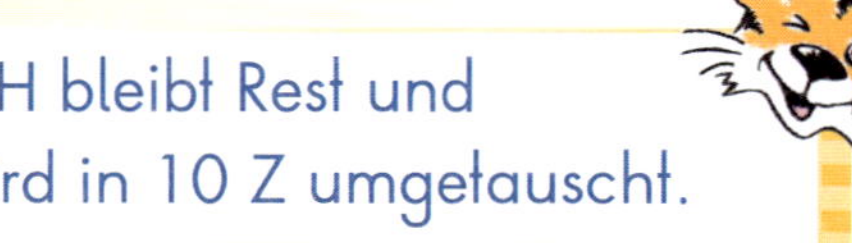

1 H bleibt Rest und wird in 10 Z umgetauscht.

2. Hier musst du schon umtauschen.

	H	Z	E						
	9	2	8	:	2	=	4	6	4
−	8								
	1	2							
−	1	2							
		0	8						
		−	8						
			0	R					

	H	Z	E						
	7	2	3	:	3	=			

	H	Z	E						
	9	6	4	:	4	=			

3. Löse diese Divisionen.

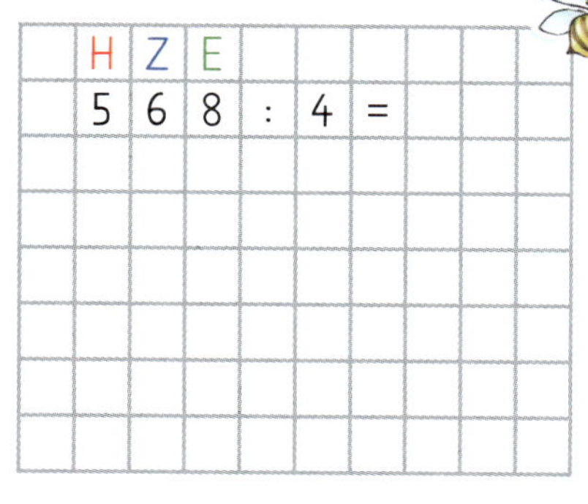

H Z E
655 : 5 =

H Z E
726 : 6 =

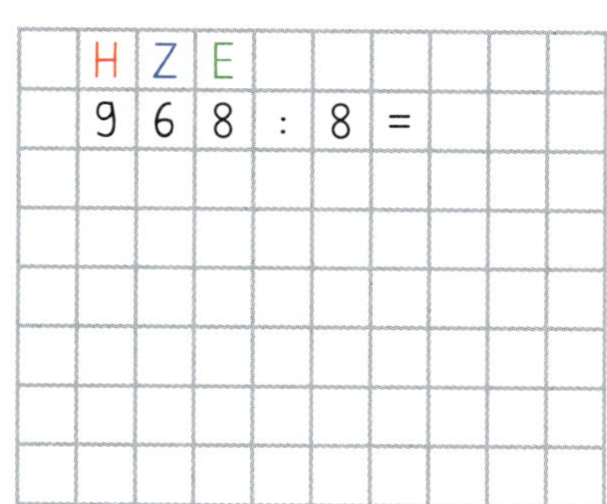

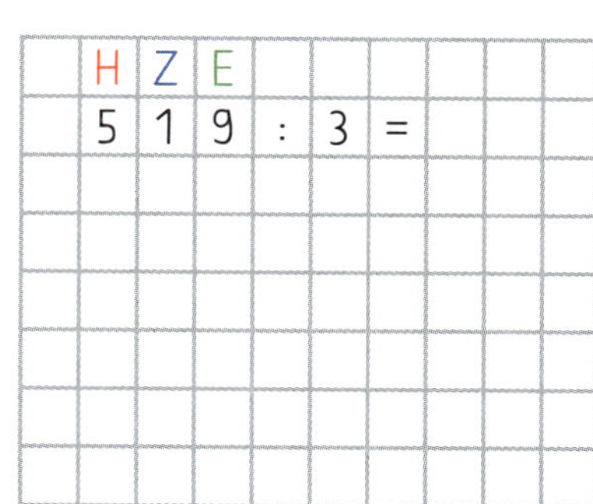

H Z E
987 : 7 =

4. Hier musst du bei den Hundertern und bei den Zehnern tauschen.

	H	Z	E						
	9	4	8	:	4	=	2	3	7
–	8								
	1	4							
–	1	2							
		2	8						
	–	2	8						
			0	R					

H Z E
732 : 3 =

H Z E
725 : 5 =

H Z E
872 : 4 =

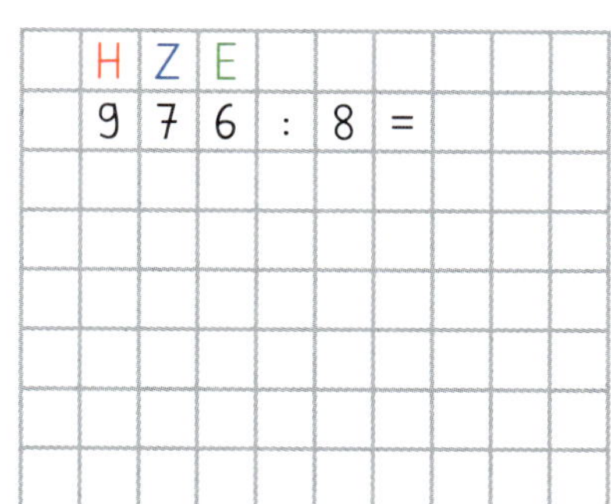

H Z E
822 : 6 =

5. Achte auf die 0.

H Z E
705 : 5 =

H Z E
904 : 8 =

H Z E
501 : 3 =

Ich kann schriftliche Divisionen mit Rest lösen.

Schriftliche Division

	H	Z	E						
	7	2	8	:	8	=		9	1
−	7	2							
		0	8						
		−	8						
			0	R					

Hier musst du schon zu Beginn tauschen.

Tausche die 7 Hunderter in Zehner, somit sind es dann 72 Zehner.

1. Rechne in deinem Heft.

282 : 3 = . . 332 : 4 = . . 305 : 5 = . .

2. Beschreibe, was dir bei diesen Rechnungen auffällt.

840 : 8 =
420 : 4 =

132 : 3 =
396 : 9 =

484 : 4 =
242 : 2 =

3. Die Malerin hat gekleckst. Setze die fehlenden Zahlen ein.

	H	Z	E						
	8	2	5	:		=	2	7	5
−	6								
	2								
−	2	1							
		1	5						
	−	1	5						
				R					

	H	Z	E						
		8	4	:	4	=	1		1
−	4								
	2	8							
−	2	8							
		0	4						
		−	4						
			0	R					

	H	Z	E						
	9		4	:	6	=		5	
−	6								
	3	5							
−	3	0							
		5							
	−	5							
			0	R					

	H	Z	E						
	7	8	6	:	5	=	1	5	7
−	5								
	2	8							
−	2	5							
		3	6						
	−	3	5						
			1	R					

Wenn du die Einer nicht mehr aufteilen kannst, bleiben sie als Rest.

4. Rechne in deinem Heft.

934 : 7 =	529 : 9 =	847 : 2 =	949 : 2 =
673 : 4 =	844 : 3 =	751 : 7 =	733 : 6 =
739 : 3 =	711 : 6 =	149 : 9 =	897 : 8 =
879 : 6 =	362 : 5 =	295 : 2 =	634 : 7 =
591 : 5 =	455 : 3 =	662 : 4 =	527 : 8 =

Aufgaben zum Nachdenken

1. Rechenrätsel für Knobelprofis

1

2. Rechenrätsel für Knobelprofis

8

3. Rechenrätsel für Knobelprofis

Problemlöseaufgaben

1. Die Zahl an der Hunderterstelle ist dreimal so groß wie die Einerstelle. Die Zahl an der Zehnerstelle ist halb so groß wie die Hunderterstelle. Addierst du alle drei Ziffern erhältst du 11.

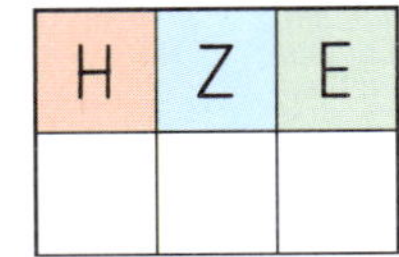

H	Z	E

2. Die Zahl an der Einerstelle erhältst du, wenn du 2 verdoppelst und davon 1 subtrahierst. Die Zehnerstelle ist um 5 größer als die Einerstelle. Die Hunderterstelle ist die Hälfte von 10. Addierst du alle drei Ziffern erhältst du 16.

H	Z	E

3.

4. Ich denke an eine dreistellige Zahl mit zwei Nullen. Dividierst du sie durch 6 ergibt es dasselbe wie 25 · 2.

Die Zahl heißt ________.

5. Die gesuchte Zahl ergibt durch 7 dividiert das Doppelte von 26.

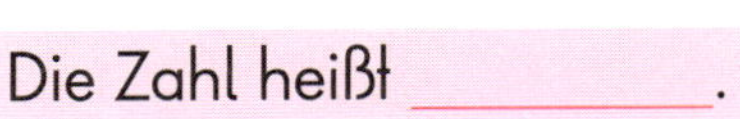
Die Zahl heißt ________.

6.

Ich denke mir eine Zahl. Wenn du zu dieser Zahl 197 addierst und das Ergebnis durch 3 dividierst, erhältst du 86.

Die Zahl heißt ________.

Kniffelige Aufgaben

1. Schriftliche Addition

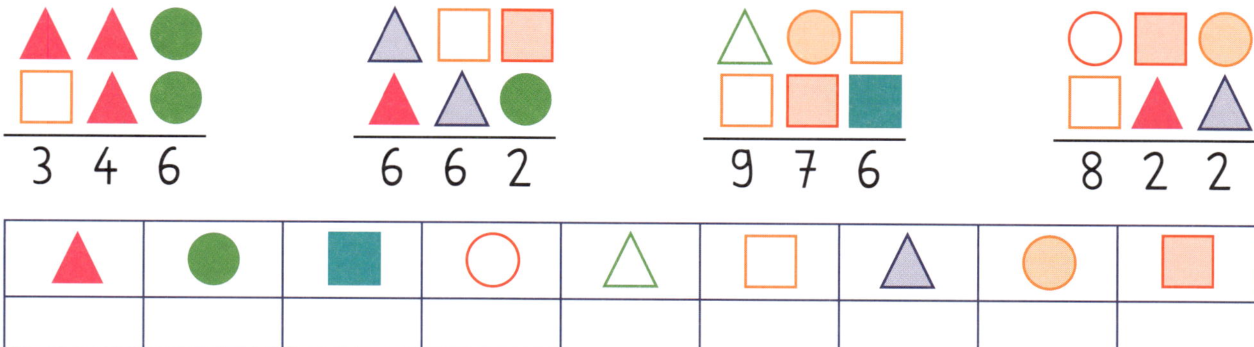

2. Findest du mehrere Möglichkeiten?

3. Tia und Teo sammeln Sticker. Wer hat mehr?

Wenn du zu 45 noch 27 addierst, weißt du, wie viele Tierbabysticker ich habe.

Ich liebe Autosticker. Ich habe nur um 3 weniger als 100.

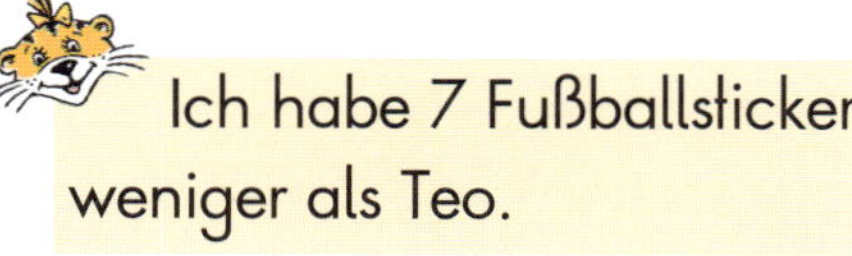

Ich habe 7 Fußballsticker weniger als Teo.

Ich habe 6 mal 7 Blumensticker.

Ich habe genauso viele Blumensticker wie Teo.

Ich habe halb so viele Tierbabys wie Tia.

Ich habe 4 Dinosticker weniger als Tia.

Ich habe um 38 Autosticker weniger als Teo.

Ich habe das Dreifache von 17 an Fußballstickern.

Ich habe 5 mal 6 Dinosticker.

Sticker	Tia	Teo
gesamt		

Sachaufgaben

1. Was passt zur Rechnung? 12 • 4

- ☐ Im Lehrerzimmer unserer Schule stehen 12 Tische.
  An jedem Tisch haben 4 Personen Platz.
- ☐ In unserer Schule gibt es 12 Klassenräume und 4 Garderoben.
- ☐ In unserer Schule sind 4 Kinder 12 Jahre alt.

2. Kannst du die Fragen mithilfe des Textes beantworten?

Da Dinosaurier schon lange ausgestorben sind, können wir ihre Größe und ihr Gewicht nur vermuten. Einer der größten Fleischfresser aller Zeiten war der Tyrannosaurus Rex. Wahrscheinlich war er bis zu 12 Meter lang und hatte eine Höhe von zirka 6 Metern. Somit war er so hoch wie eine Giraffe, wog mit seinen 7 Tonnen aber ungefähr fünfmal so viel. Er fraß sogar andere Dinosaurier, zum Beispiel den Pflanzenfresser Triceratops. Mit dieser Beute von rund 6 Tonnen kam er bis zu 50 Tage aus. Ein ausgewachsener Löwe benötigt dagegen „nur" ungefähr 7 Kilogramm Fleisch pro Tag.

	Kann ich nicht sagen.	ja	nein
Eine Giraffe ist zirka 6 Meter hoch.			
Eine Giraffe wiegt zirka 7 Tonnen.			
Der Tyrannosaurus Rex frisst am Tag zirka 6 Tonnen Fleisch.			
Der Tiger frisst mehr als ein Löwe.			
Ein Löwe frisst zirka 350 Kilogramm Fleisch in 50 Tagen.			
Ein Löwe ist genauso schwer wie eine Giraffe.			

3. Kann das stimmen?

Die Sendung „Familie Tiger" läuft seit 3 Jahren jeden Montagnachmittag im Fernsehen. Sie wurde schon 500-mal gesendet.

Begründe: ______________________________

____

3. Klasse Volksschule

Mathematik

Richtig lernen – gezielt trainieren!

Lösungen

G&G

LP: Geometrie
BIST: AK 4; IK 2, 4

Das Einmaleins mit Quadraten

Tia und Teo legen mit Quadraten verschiedene Rechtecke.
Tia entdeckt, dass sich dahinter Einmaleins-Aufgaben verstecken.
Das ist ein 2 · 3-Rechteck,
es besteht aus 6 Quadraten.

1. Welche Einmaleins-Aufgaben sind in den folgenden Rechtecken enthalten?

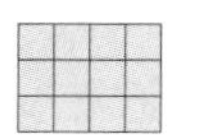  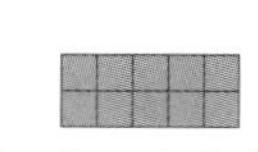 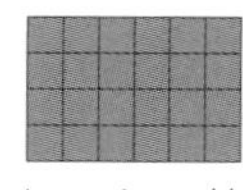

3 · 4 – Rechteck	3 · 1 – Rechteck	2 · 5 – Rechteck	4 · 6 – Rechteck
12 Quadrate	3 Quadrate	10 Quadrate	24 Quadrate

2. Zeichne folgende Einmaleins-Aufgaben in den Raster.
2 · 3 5 · 3 8 · 6 7 · 4

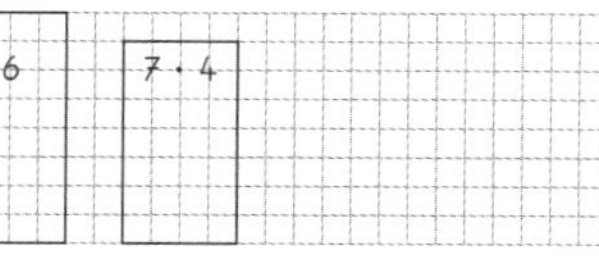

3. Die farbigen Figuren stellen Einmaleins-Aufgaben dar.
Finde sie. Schreibe die Lösung in dein Heft.

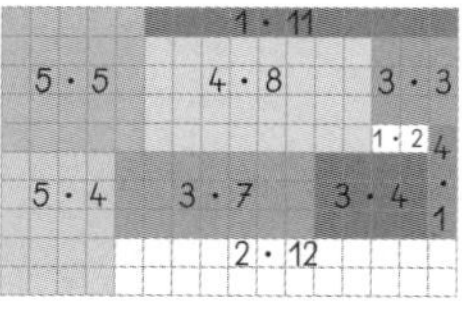

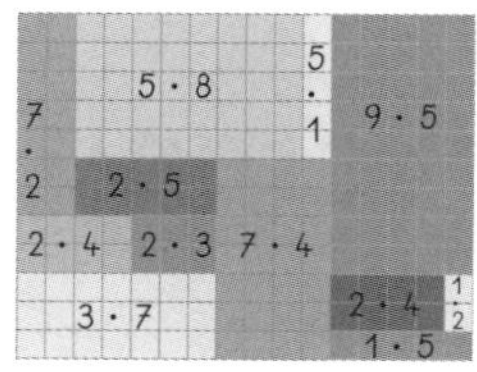

4. a. 4 Lösungen: 1 · 10, 10 · 1, 2 · 5, 5 · 2
b. 6 Lösungen: 1 · 12, 12 · 1, 2 · 6, 6 · 2, 3 · 4, 4 · 3
c. 8 Lösungen: 1 · 24, 24 · 1, 2 · 12, 12 · 2, 3 · 8, 8 · 3, 4 · 6, 6 · 4

Symmetrie und Spiegelung

Tia und Teo beobachten einen Schmetterling.

Wenn der Schmetterling die Flügel zusammengibt,
dann passen sie genau aufeinander.
Der Schmetterling ist symmetrisch.

1. Suche in einem Tierlexikon oder im Internet weitere Beispiele für Symmetrien bei Tieren.
z. B.: Marienkäfer, Libelle, Biene, Spinne, ...
2. Spiegle die Figuren an der Symmetrieachse. Beachte, dass die Symmetrie bestehen bleibt.

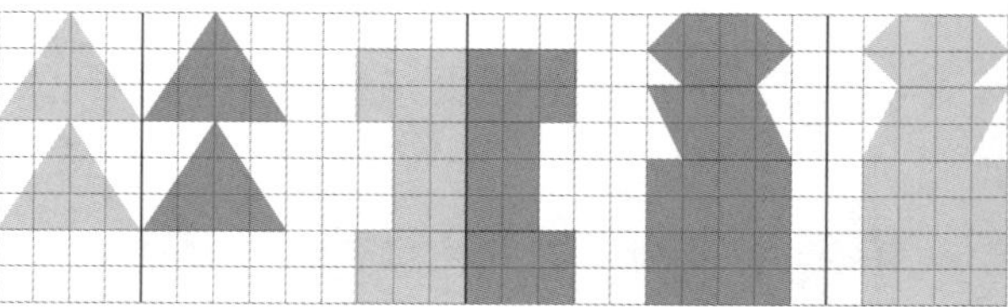

3. Spiegle die Namen. Du kannst auch deinen Namen spiegeln.

ANNA|AИИA KURT|TЯUK

4. Einige Buchstaben und Ziffern sind symmetrisch. Zeichne die Symmetrieachse ein.
Gibt es noch weitere symmetrische Buchstaben oder Ziffern?
Wenn ja, schreibe sie auf und zeichne ebenfalls die Symmetrieachse ein.

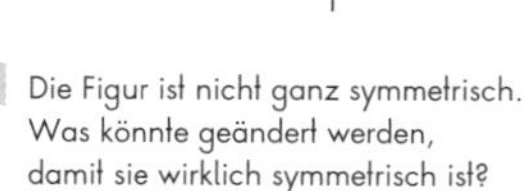

5. Die Figur ist nicht ganz symmetrisch.
Was könnte geändert werden,
damit sie wirklich symmetrisch ist?
Zeichne auf!

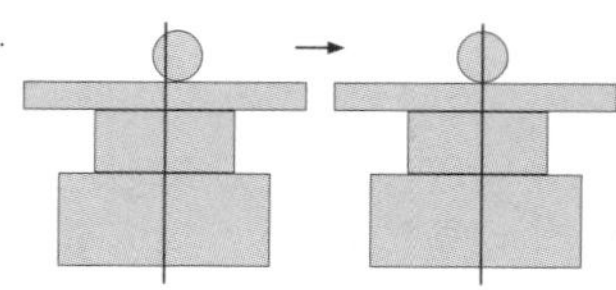

Vergrößern und Verkleinern

Tia betrachtet einen Käfer unter der Lupe.
Der Käfer erscheint unter der Lupe vergrößert.
Teo betrachtet ein Foto eines Hochhauses.
Am Foto ist das Gebäude verkleinert.

1. Dinge vergrößern, um sie genauer darzustellen.
Dinge verkleinern, um sie auf einem Blatt Papier darzustellen.
2. Diese Tiere erscheinen unter der Lupe um das Fünffache vergrößert.
Miss die Längen ab. Wie lang sind die Tiere in Wirklichkeit?

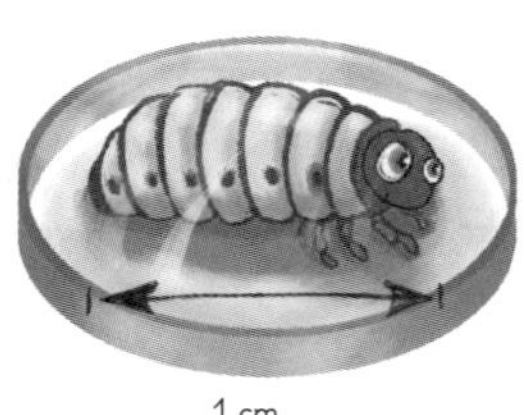

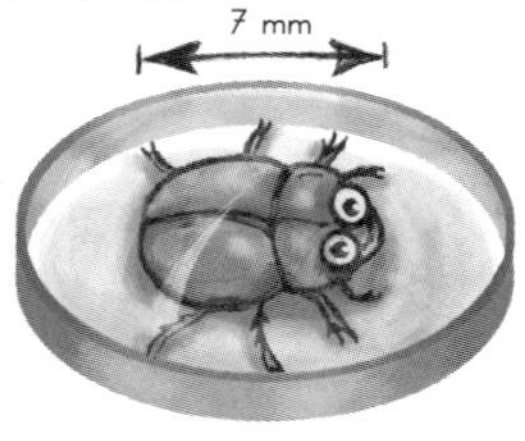

3. Zeichne die Figuren vergrößert auf ein kariertes Blatt Papier.
Jede Strecke muss doppelt so lang sein wie die gezeichnete.

Bitte einen Elternteil, deine Lösung zu kontrollieren.

4. Auf dem Foto ist Mia 5 cm groß. In Wirklichkeit ist sie aber dreißig Mal größer.
Wie groß ist Mia wirklich?
5 · 30 → 150 cm
5. Zeichne die Figur verkleinert auf ein kariertes Blatt Papier.
Jede Strecke darf nur halb so lang sein wie hier gezeichnet.

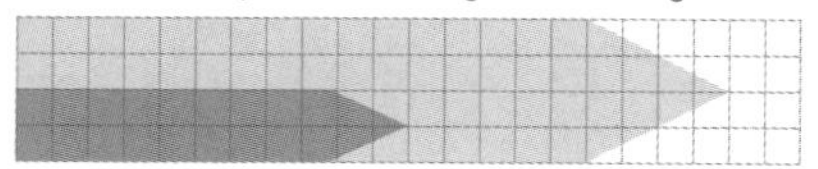

Schneidende und parallele Linien / Rechte Winkel

Mit deinem Geodreieck kannst du zeichnen:
schneidende Linien parallele Linien rechte Winkel

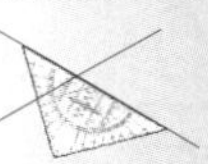 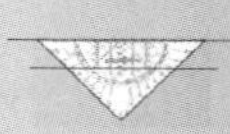 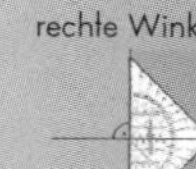 

1. Zeichne zur gegebenen Linie (Geraden)
a. eine Gerade, die sie im Punkt A schneidet
b. eine parallele Linie
c. eine Gerade, die mit der gezeichneten einen rechten Winkel einschließt

2. Zeichne zur gegebenen Geraden mindestens drei parallele Geraden.

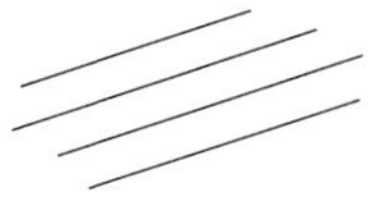

3. Zeichne jeweils eine Gerade durch die Punkte, sodass rechte Winkel entstehen.

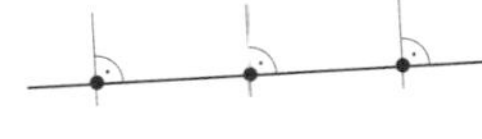

4. Zeichne auf ein Blatt Papier.

a. 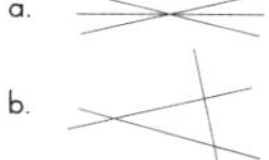 c. 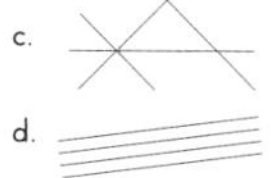 e. 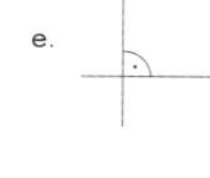

b. d.

5. Teo sagt: „Parallele Geraden schneiden einander niemals, auch wenn man sie ganz weit verlängert."
Hat er Recht? Begründe deine Meinung.
Ja, der Abstand zwischen parallelen Geraden bleibt immer gleich.
6. Diese Figuren haben rechte Winkel. Kontrolliere mit deinem Geodreieck.
Kennzeichne die rechten Winkel mit: ⊾

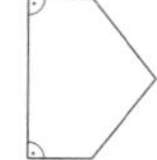  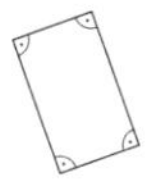 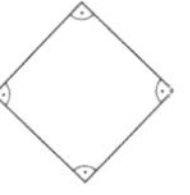 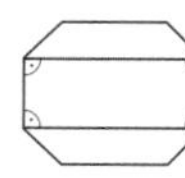

Zahlen bis 1 000 – Stellenwert

10 Einer (E) → 1 Zehner-Stange (Z)

10 Zehner-Stangen oder 100 Einer → 1 Hunderter-Platte (H)

10 Hunderter-Platten oder 100 Zehner oder 1 000 Einer → 1 Tausender-Würfel (T)

Jede Bündelung hat ihren Platz in der Stellenwerttabelle. Wenn eine Stelle nicht besetzt ist, so schreibt man eine Null.

T	H	Z	E
1	0	0	0

Suche den richtigen Platz für Hunderter, Zehner und Einer. Ergänze.

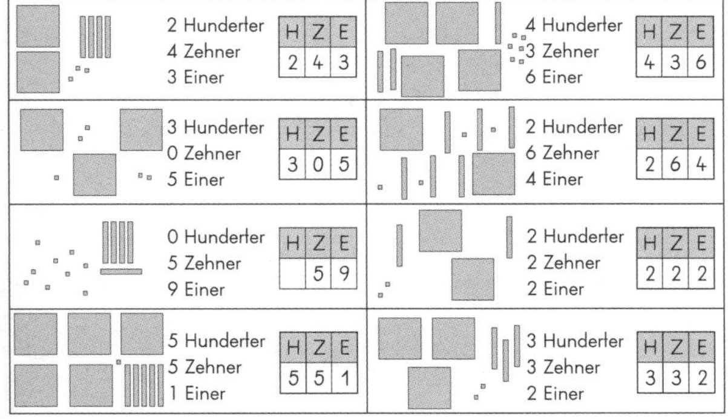

	H	Z	E
2 Hunderter, 4 Zehner, 3 Einer	2	4	3
4 Hunderter, 3 Zehner, 6 Einer	4	3	6
3 Hunderter, 0 Zehner, 5 Einer	3	0	5
2 Hunderter, 6 Zehner, 4 Einer	2	6	4
0 Hunderter, 5 Zehner, 9 Einer		5	9
2 Hunderter, 2 Zehner, 2 Einer	2	2	2
5 Hunderter, 5 Zehner, 1 Einer	5	5	1
3 Hunderter, 3 Zehner, 2 Einer	3	3	2

Gestalte weitere Aufgaben nach diesem Vorbild.

Zahlen bis 1 000 – Bündeln

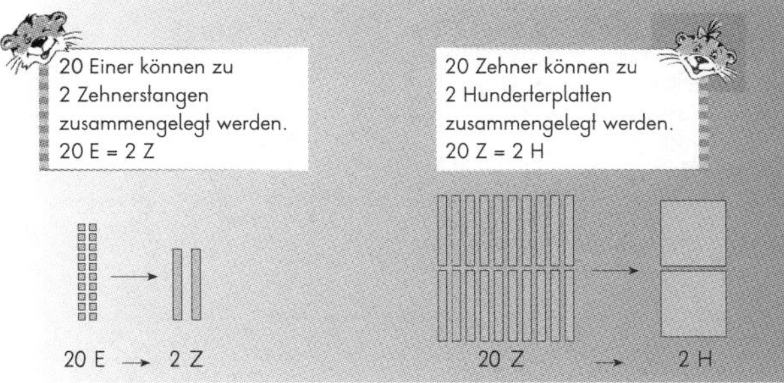

1. Bündle. Finde Hunderter, Zehner und Einer. Falls möglich, lege zuerst mit Material.

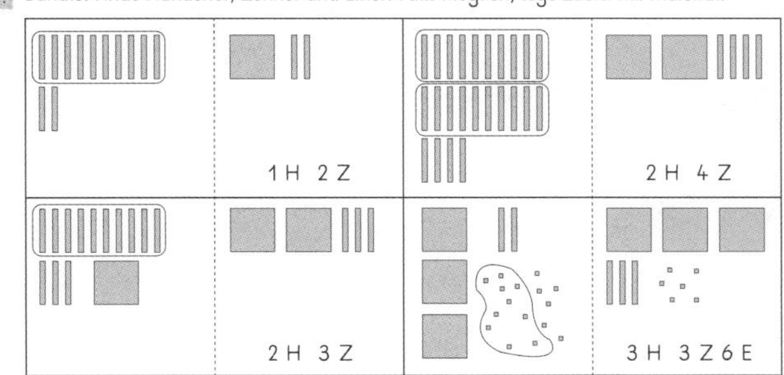

2. Zeichne auf ein Blatt und ergänze. → 2 Z 14 E = = 3 Z 4 E

15 E = 1 Z 5 E
41 E = 4 Z 1 E
23 Z = 2 H 3 Z
60 Z = 6 H
34 Z = 3 H 4 Z

3 Z 15 E = 4 Z 5 E
7 Z 22 E = 9 Z 2 E
4 Z 59 E = 9 Z 9 E
30 Z 4 E = 3 H 4 E
63 Z 24 E = 6 H 5 Z 4 E

10 Z 11 E = 1 H 1 Z 1 E
23 Z = 2 H 3 Z
6 Z 7 E = 6 Z 7 E
44 Z 12 E = 4 H 5 Z 2 E
100 Z = 1 T

Zahlen bis 1 000 – Stellenwert

Aus 4 H und 3 Z und 5 E lässt sich eine Zahl zusammensetzen.

4 H + 3 Z + 5 E = 435
400 + 30 + 5 = 435
435 = 400 + 30 + 5

H	Z	E
4	3	5

1. Schreibe die Zahlen. Denke an die Stellenwerttabelle.

3 H 5 Z 6 E = 356
6 Z 3 H 1 E = 361
2 E 5 Z = 52

9 H 1 Z 5 E = 915
2 H 6 E 4 Z = 246
7 Z 3 H = 370

5 Z 9 E 3 H = 359
7 H 8 Z 0 E = 780
6 H 3 E = 603

2. Ergänze.

	H	Z	E	Zahl
700 + 30 + 4 = 7 H + 3 Z + 4 E	7	3	4	734
500 + 7 = 5 H + 7 E	5	0	7	507
50 + 800 + 8 = 5 Z + 8 H + 8 E	8	5	8	858
100 + 30 = 1 H + 3 Z	1	3	0	130
70 + 5 = 7 Z + 5 E		7	5	75
400 = 4 H	4	0	0	400
6 + 900 + 10 = 6 E + 9 H + 1 Z	9	1	6	916

3. Woraus besteht die Zahl?

	H	Z	E
786 = 700 + 80 + 6	7	8	6
351 = 300 + 50 + 1	3	5	1
904 = 900 + 4	9	0	4
83 = 80 + 3		8	3

	H	Z	E
670 = 600 + 70	6	7	0
123 = 100 + 20 + 3	1	2	3
500 = 500	5	0	0
999 = 900 + 90 + 9	9	9	9

4. Erstelle Ziffernkarten von 1 bis 9. Lege diese Ziffernkarten verdeckt auf. Wähle drei Ziffernkarten und bilde die größtmögliche und die kleinstmögliche Zahl. Schreibe sie auf.

Ziffernkarten	größtmögliche Zahl	kleinstmögliche Zahl

Zahlen bis 1 000 – Sprechweise

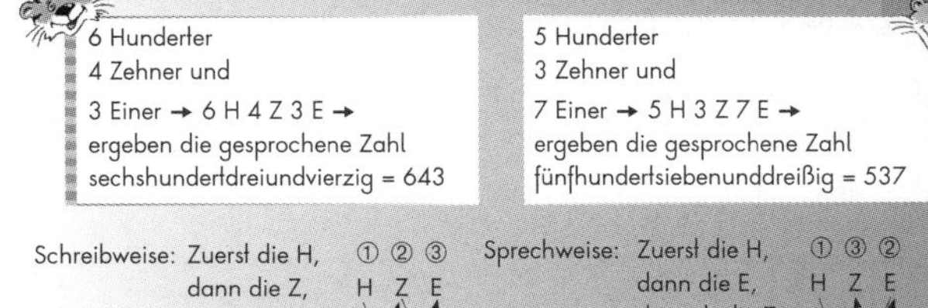

Schreibweise: Zuerst die H, dann die Z, danach die E. ① ② ③ H Z E

Sprechweise: Zuerst die H, dann die E, danach die Z. ① ③ ② H Z E

1. Verbinde die Zahl mit dem passenden Zahlwort.

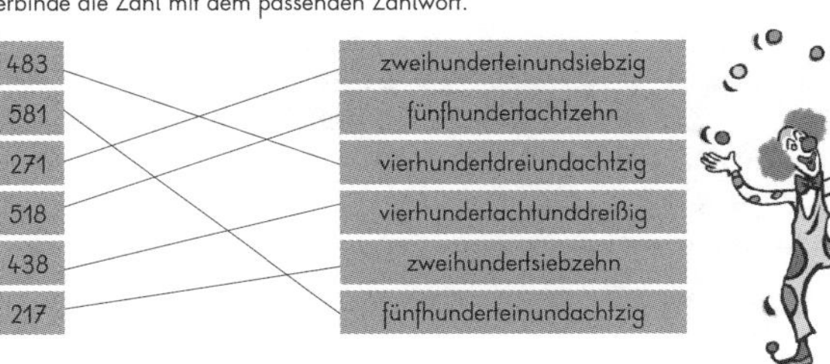

2. Schreibe die Zahlwörter.

436 = vierhundertsechsunddreißig
274 = zweihundertvierundsiebzig
501 = fünfhundertundeins
348 = dreihundertachtundvierzig
737 = siebenhundertsiebenunddreißig

620 = sechshundertundzwanzig
169 = hundertneunundsechzig
854 = achthundertvierundfünfzig
902 = neunhundertzwei
333 = dreihundertdreiunddreißig

3. Zeichne die Zahlen mit

Zahlen bis 1 000 – Rechenstrich

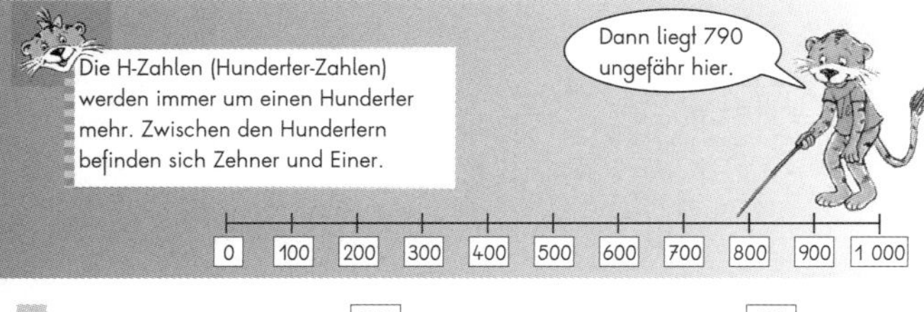

1.

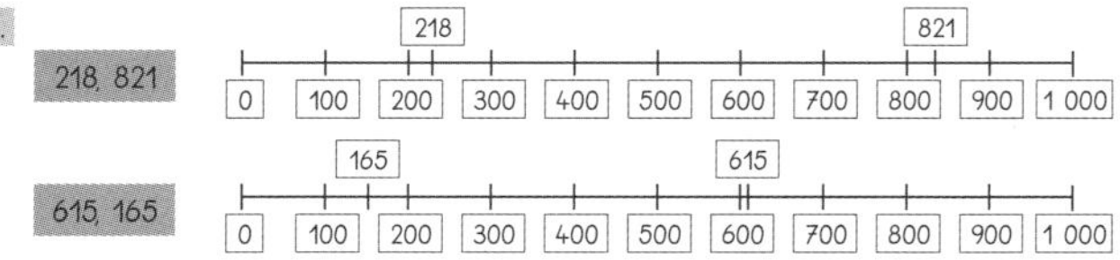

2.

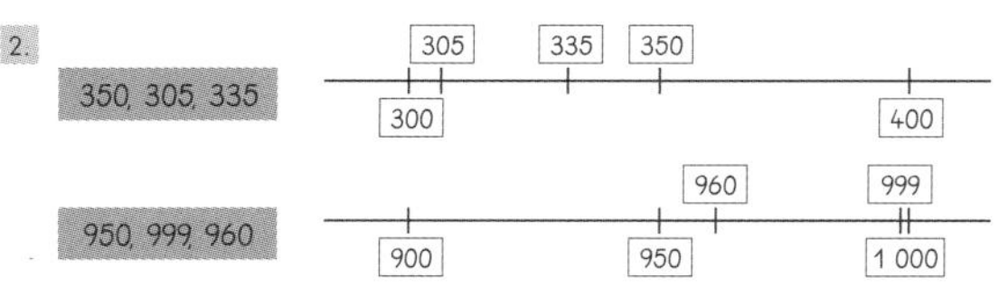

3. Trage die beiden Nachbarhunderter am Rechenstrich ein.

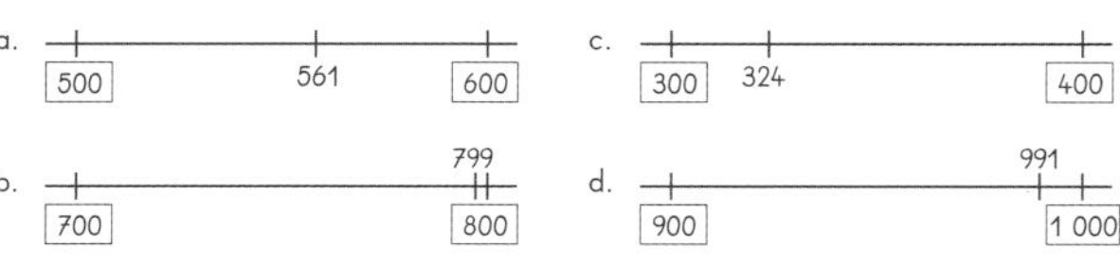

4. Zahlenrätsel.

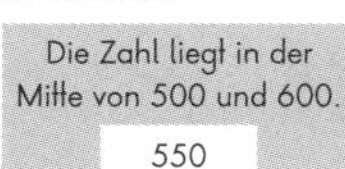

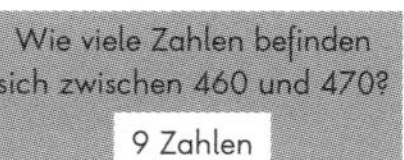

Die Zahl liegt genau vor 1 000.
999

Zahlen bis 1 000 – Zahlennachbarn

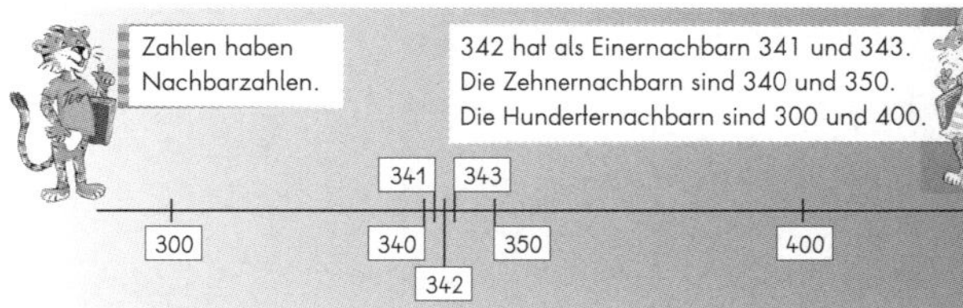

1. Ergänze.

H-Vorgänger	Z-Vorgänger	E-Vorgänger	ZAHL	E-Nachfolger	Z-Nachfolger	H-Nachfolger
400	450	450	451	452	460	500
300	380	388	389	390	390	400
200	260	263	264	265	270	300

2. Was liegt der gegebenen Zahl näher? H-Vorgänger oder H-Nachfolger? Kreuze an.

	H-Vorgänger	ZAHL	H-Nachfolger	
☐	800	892	900	☒
☒	300	314	400	☐
☒	600	650	700	☒

3. Was liegt der gegebenen Zahl näher? Z-Vorgänger oder Z-Nachfolger? Kreuze an.

	Z-Vorgänger	ZAHL	Z-Nachfolger	
☒	420	423	430	☐
☒	240	245	250	☒
☒	560	564	570	☐

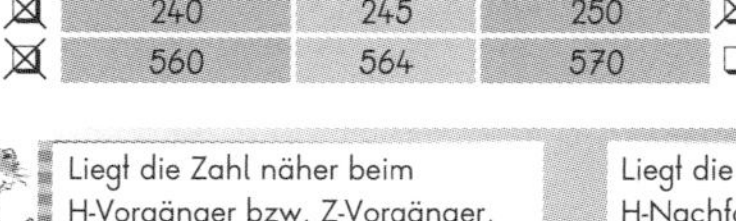

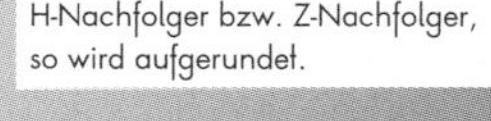

Liegt die Zahl jedoch genau in der Mitte, so muss auf den H-Nachfolger bzw. den Z-Nachfolger gerundet werden.

Zahlenrätsel

1. Suche mögliche Fehler in den Zahlwörtern. Schreibe die Zahl.

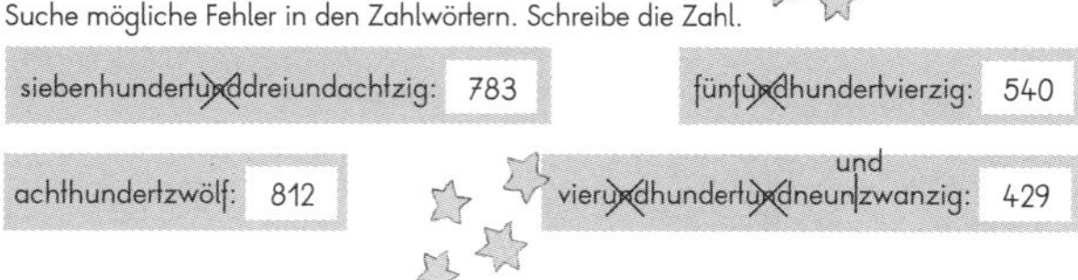

2. Kreise die richtige Zahl ein.

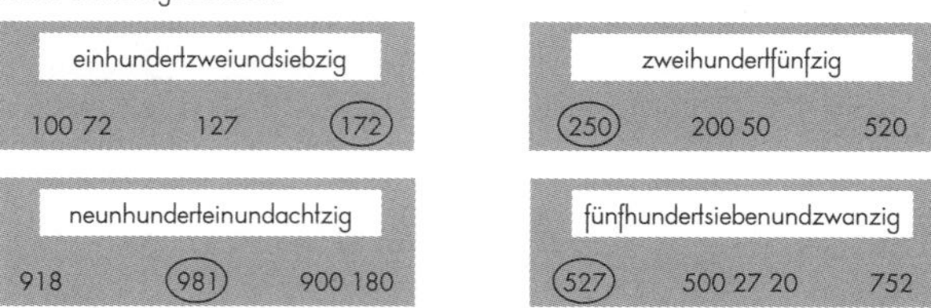

3. Zeichne die Pfeile → richtig ein und beginne bei der kleinsten Zahl.

376 593 539 367

4. Zeichne die Pfeile → richtig ein und beginne bei der größten Zahl.

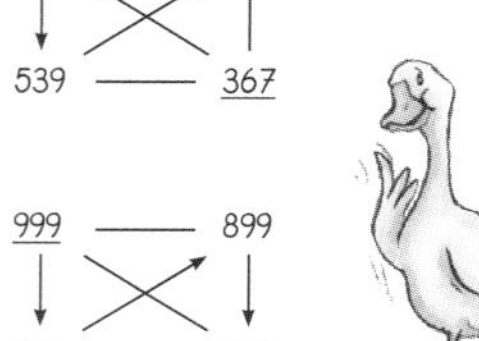
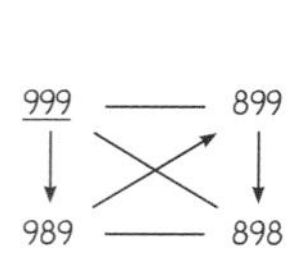

5. Wie heißt die kleinste dreistellige Zahl mit der Ziffer 7 an der Hunderterstelle?

H	Z	E
7	0	0

6. Wie heißt die größte dreistellige Zahl mit drei gleichen Ziffern?

7. Wie heißt die kleinste dreistellige Zahl mit geraden Ziffern?

H	Z	E
2	2	2

Plus- und Minusrechnen im Zahlenraum 1 000 ohne Über- und Unterschreitung

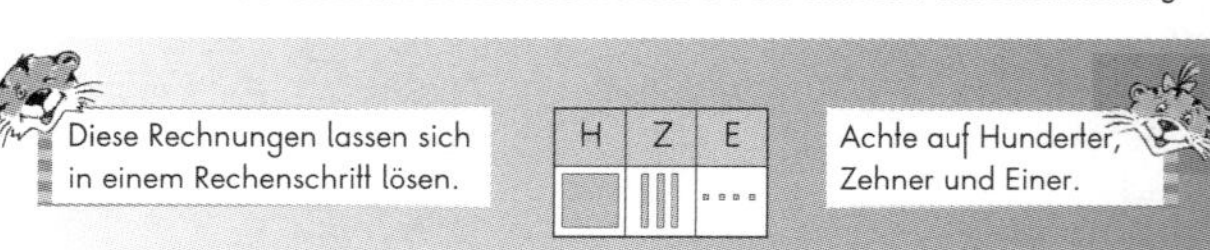

1. Löse diese Aufgaben und zeichne. Arbeite in deinem Heft.

400 + 30 = 430   400 + 3 = 403   400 + 35 = 435

500 + 20 = 520   700 + 8 = 708   400 + 62 = 462
300 + 7 = 307   900 + 53 = 953   200 + 30 = 230
600 + 86 = 686   100 + 40 = 140   800 + 5 = 805

2. Löse und zeichne. Arbeite in deinem Heft.

210 + 8 = 218   210 + 80 = 290   210 + 400 = 610

340 + 8 = 348   650 + 20 = 670   804 + 4 = 808
530 + 50 = 580   980 + 3 = 983   360 + 600 = 960
210 + 400 = 610   103 + 5 = 108   720 + 60 = 780
702 + 7 = 709   470 + 200 = 670   570 + 10 = 580

3. Löse und zeichne. Arbeite in deinem Heft.

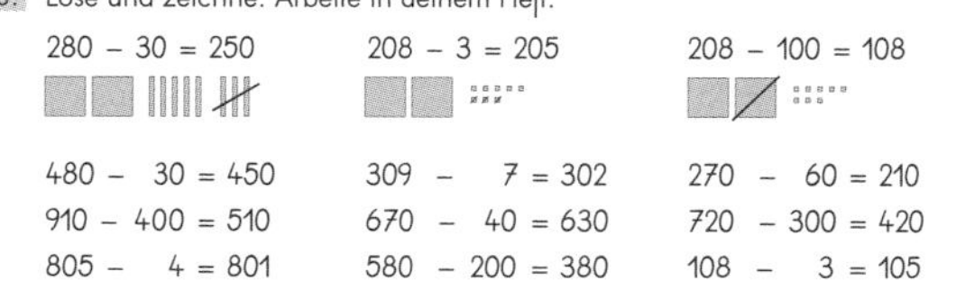

4. Miriam fährt mit ihren Eltern auf der Autobahn. Sie sieht einen Wegweiser. Miriam möchte wissen, wie weit es von Melk nach Salzburg ist.

290 km – 80 km = 210 km

Plus- und Minusrechnen im Zahlenraum 1 000 ohne Über- und Unterschreitung

1. Setze die Päckchen fort.

693 – 10 = 683	941 – 100 = 841	279 – 1 = 278
693 – 20 = 673	941 – 200 = 741	279 – 2 = 277
693 – 30 = 663	941 – 300 = 641	279 – 3 = 276
693 – 40 = 653	941 – 400 = 541	279 – 4 = 275
693 – 50 = 643	941 – 500 = 441	279 – 5 = 274
693 – 60 = 633	941 – 600 = 341	279 – 6 = 273
693 – 70 = 623	941 – 700 = 241	279 – 7 = 272
693 – 80 = 613	941 – 800 = 141	279 – 8 = 271

2. Löse und zeichne in deinem Heft.

236 + 200 = 436 236 + 20 = 256 236 + 2 = 238

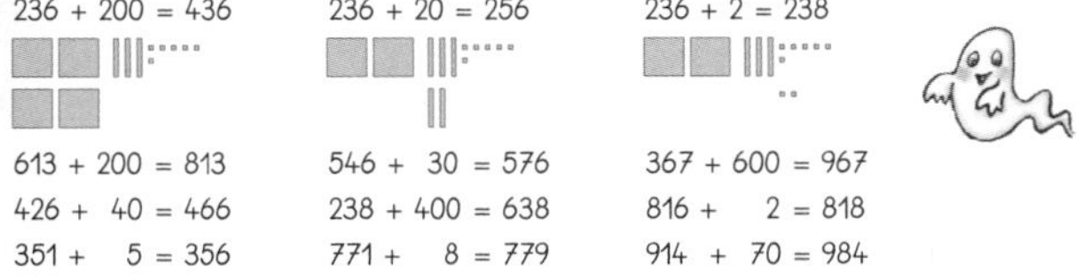

613 + 200 = 813	546 + 30 = 576	367 + 600 = 967
426 + 40 = 466	238 + 400 = 638	816 + 2 = 818
351 + 5 = 356	771 + 8 = 779	914 + 70 = 984

3. Zeichne und rechne.

357 – 100 = 257 357 – 40 = 317 357 – 4 = 353

746 – 200 = 546	283 – 60 = 223	965 – 3 = 962
365 – 50 = 315	519 – 4 = 515	741 – 300 = 441
418 – 7 = 411	847 – 500 = 347	673 – 20 = 653

4. Bei diesen Aufgaben haben sich Fehler eingeschlichen. Verbessere sie und begründe deine Lösung.

438 – 20 = 238 Richtig ist 418,
weil 2 Zehner weggenommen werden.
874 – 3 = 844 Richtig ist 871,
weil 4 E – 3 E = 1 E.
654 – 200 = 652 Richtig ist 454,
weil 6 H – 2 H = 4 H.

Plus- und Minusrechnen im Zahlenraum 1 000 mit Über- und Unterschreitung

Diese Aufgaben lassen sich in einem Rechenschritt lösen.
200 – 30 = 170

Es muss aber genau überlegt werden, wie Zehnerstangen oder Einer von einer H-Zahl (Hunderter-Zahl) weggenommen werden können.
200 – 3 = 197

1. Löse.

700 – 40 = 660	400 – 70 = 330	200 – 10 = 190
500 – 6 = 494	800 – 90 = 710	700 – 8 = 692
300 – 20 = 280	900 – 4 = 896	400 – 1 = 399
200 – 9 = 191	100 – 2 = 98	900 – 60 = 840
600 – 50 = 550	300 – 30 = 270	1 000 – 10 = 990

Überlege, wie du Zehnerstangen zu Hundertern und Zehnern dazurechnest.

HZE ZE
370 + 50 =
37 Z + 5 Z = 42 Z
42 Z = 420

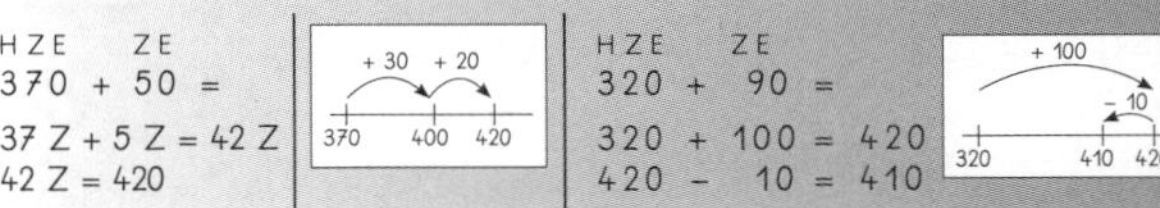

HZE ZE
320 + 90 =
320 + 100 = 420
420 – 10 = 410

2. Wie rechnest du? Wähle einen passenden Weg.

350 + 80 = 430	840 + 70 = 910	190 + 20 = 210
270 + 50 = 320	580 + 40 = 620	750 + 60 = 810
620 + 90 = 710	490 + 60 = 550	830 + 80 = 910

Bei 620 – 5 denke ich an die kleine Aufgabe 20 – 5.
20 – 5 = 15
620 – 5 = 615

3. Finde kleine Aufgaben als Hilfe. Arbeite in deinem Heft.

310 – 6 = 304	450 – 40 = 410
840 – 9 = 831	980 – 20 = 960
260 – 50 = 210	520 – 2 = 518
630 – 8 = 622	770 – 5 = 765

1. Löse mit Hilfe einer kleinen Aufgabe. Arbeite in deinem Heft.
603 + 8 → 3 + 8 + 600

308 + 4 = 312	501 + 9 = 510	202 + 9 = 211
605 + 6 = 611	907 + 5 = 912	804 + 9 = 813
409 + 8 = 417	706 + 6 = 712	105 + 7 = 112

2. Setze das Päckchen fort.

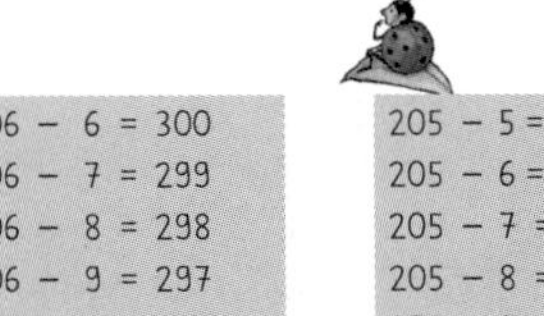

602 – 1 = 601	306 – 6 = 300	205 – 5 = 200
602 – 2 = 600	306 – 7 = 299	205 – 6 = 199
602 – 3 = 599	306 – 8 = 298	205 – 7 = 198
602 – 4 = 598	306 – 9 = 297	205 – 8 = 197
602 – 5 = 597	306 – 10 = 296	205 – 9 = 196

3. Löse.

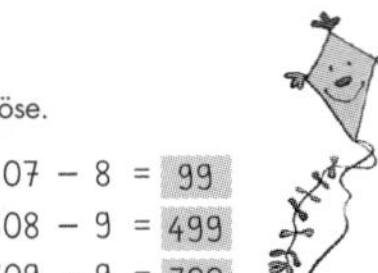
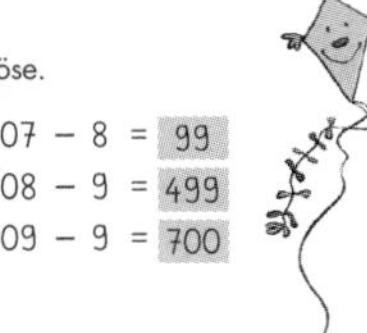
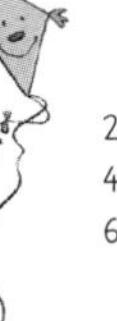
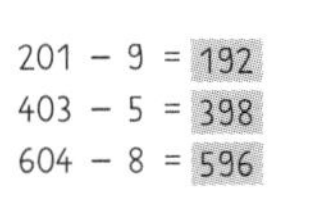

107 – 8 = 99	201 – 9 = 192	603 – 4 = 599
508 – 9 = 499	403 – 5 = 398	307 – 9 = 298
709 – 9 = 700	604 – 8 = 596	905 – 7 = 898

4. Beachte den Rechenvorteil bei + 90 und + 9. Arbeite in deinem Heft.

+ 90

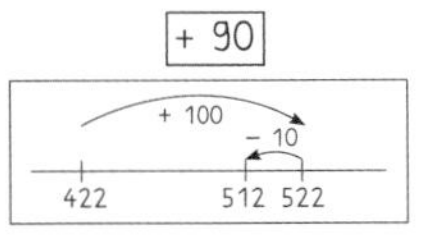

+ 9

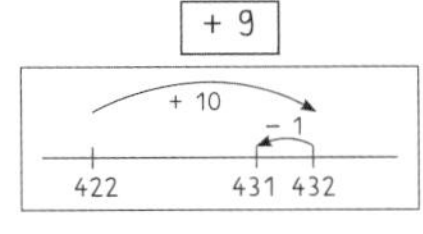

422 + 90 = 512	134 + 90 = 224	643 + 90 = 733
422 + 9 = 431	134 + 9 = 143	643 + 9 = 652
859 + 9 = 868	783 + 90 = 873	504 + 90 = 594
859 + 90 = 949	783 + 9 = 792	504 + 9 = 513

Zehner-Überschreitung
258 + 6 =
Hier denke ich an die kleine Rechnung: 58 + 6 = **64**
Dann ist **258 + 6 = 264**

Hunderter-Überschreitung
253 + 60 =
Hier denke ich an das Bündeln:
253 = 2 H 5 Z 3 E = **25** Z 3 E
60 = **6** Z
25 Z + 6 Z = 31 Z 31 Z = 310
310 + 3 = 313

1. Schreibe die Zahlen in der Stellenwertschreibweise.

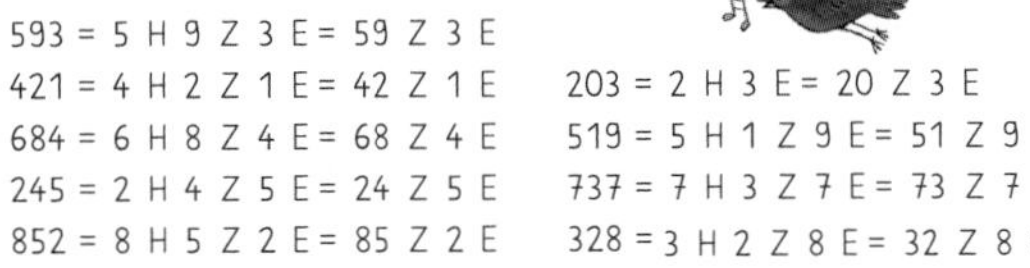

593 = 5 H 9 Z 3 E = 59 Z 3 E
421 = 4 H 2 Z 1 E = 42 Z 1 E 203 = 2 H 3 E = 20 Z 3 E
684 = 6 H 8 Z 4 E = 68 Z 4 E 519 = 5 H 1 Z 9 E = 51 Z 9 E
245 = 2 H 4 Z 5 E = 24 Z 5 E 737 = 7 H 3 Z 7 E = 73 Z 7 E
852 = 8 H 5 Z 2 E = 85 Z 2 E 328 = 3 H 2 Z 8 E = 32 Z 8 E

2. Löse wie Tia und Teo. Arbeite in deinem Heft.

386 + 40 = 426	517 + 6 = 523	698 + 60 = 758
278 + 5 = 283	783 + 40 = 823	859 + 3 = 862
421 + 90 = 511	928 + 8 = 936	134 + 80 = 214

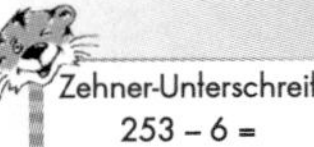

Zehner-Unterschreitung
253 – 6 =
Hier denke ich an die kleine Rechnung: 53 – 6 = **47**
Dann ist **253 – 6 = 247**

Hunderter-Unterschreitung
253 – 60 =
Hier denke ich an das Bündeln:
253 = 2 H 5 Z 3 E = **25 Z** 3 E
60 = **6 Z**
25 Z – 6 Z = 19 Z 19 Z = 190
190 + 3 = 193

3. Löse wie Tia und Teo.

527 – 70 = 457	751 – 3 = 748	839 – 40 = 799
623 – 8 = 615	914 – 30 = 884	294 – 6 = 288
438 – 50 = 388	322 – 5 = 317	475 – 90 = 385

Plusrechnen im Zahlenraum 1 000 mit großen Zahlen

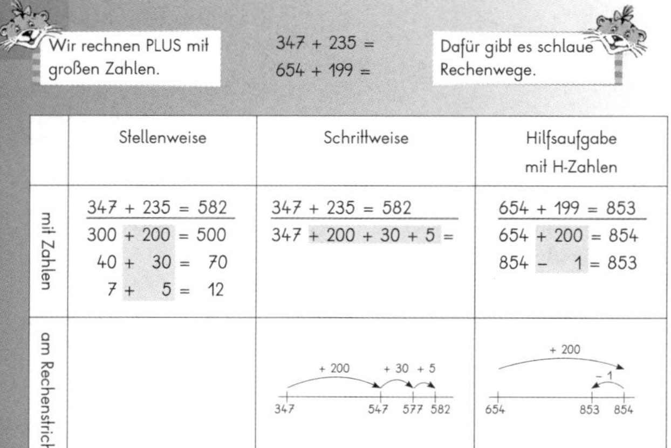

	Stellenweise	Schrittweise	Hilfsaufgabe mit H-Zahlen
mit Zahlen	347 + 235 = 582 300 + 200 = 500 40 + 30 = 70 7 + 5 = 12	347 + 235 = 582 347 + 200 + 30 + 5 =	654 + 199 = 853 654 + 200 = 854 854 − 1 = 853
am Rechenstrich		+ 200 + 30 + 5 347 547 577 582	+ 200 − 1 654 853 854

1. Wie rechnest du? Notiere deinen Rechenweg. Warum hast du diesen Weg gewählt?

263 + 418 = 681
263 + 400 = 663
663 + 10 = 673
673 + 8 = 681

478 + 299 = 777
478 + 300 = 778
778 − 1 = 777

582 + 336 = 918
582 + 300 = 882
882 + 30 = 912
912 + 6 = 918

375 + 446 = 821
300 + 400 = 700
70 + 40 = 110
5 + 6 = 11
700 + 110 + 11 = 821

399 + 217 = 616
400 + 217 = 617
617 − 1 = 616

258 + 384 = 642
200 + 300 = 500
50 + 80 = 130
8 + 4 = 12
500 + 130 + 12 = 642

2. Wähle eigene Aufgaben und löse diese.

Minusrechnen im Zahlenraum 1 000 mit großen Zahlen

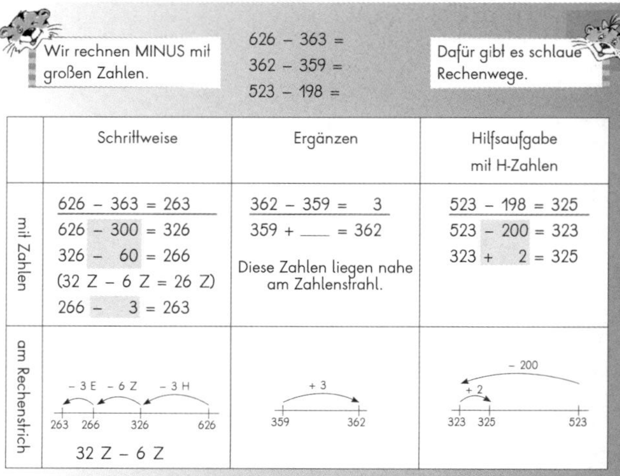

	Schrittweise	Ergänzen	Hilfsaufgabe mit H-Zahlen
mit Zahlen	626 − 363 = 263 626 − 300 = 326 326 − 60 = 266 (32 Z − 6 Z = 26 Z) 266 − 3 = 263	362 − 359 = 3 359 + ___ = 362 Diese Zahlen liegen nahe am Zahlenstrahl.	523 − 198 = 325 523 − 200 = 323 323 + 2 = 325
am Rechenstrich	− 3 E − 6 Z − 3 H 263 266 326 626 32 Z − 6 Z	+ 3 359 362	− 200 + 2 323 325 523

1. Wie rechnest du? Notiere deinen Rechenweg. Warum hast du diesen Weg gewählt?

725 − 399 = 326
725 − 400 = 325
325 + 1 = 326

817 − 458 = 359
817 − 400 = 417
417 − 50 = 367
367 − 8 = 359

489 − 293 = 196
489 − 300 = 189
189 + 7 = 196

645 − 639 = 6
639 + 6 = 645

573 − 268 = 305
573 − 200 = 373
373 − 60 = 313
313 − 8 = 305

981 − 499 = 482
981 − 500 = 481
481 + 1 = 482

2. Wähle eigene Aufgaben und löse diese.

Malnehmen und Teilen im Zahlenraum 1 000

Beim Malnehmen mit 10 rücken alle Ziffern in der Stellenwerttabelle eine Stelle nach links.

Aus Einer werden Zehner. Aus Zehner werden Hunderter. Die Einerstelle bleibt leer und wird mit einer Null belegt.

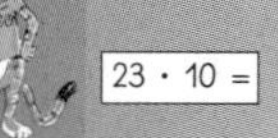
23 · 10 =

H	Z	E
	2	3
2	3	0

3 E · 10 = 30 E = 3 Z
2 Z · 10 = 20 Z = 2 H

1. Ergänze und löse.

34 · 10 =

H	Z	E
	3	4
3	4	0

61 · 10 =

H	Z	E
	6	1
6	1	0

42 · 10 =

H	Z	E
	4	2
4	2	0

58 · 10 =

H	Z	E
	5	8
5	8	0

75 · 10 =

H	Z	E
	7	5
7	5	0

29 · 10 =

H	Z	E
	2	9
2	9	0

Beim Teilen durch 10 rücken alle Ziffern eine Stelle nach rechts.

Aus Zehner werden Einer. Aus Hunderter werden Zehner.

230 : 10 =

H	Z	E
2	3	0
	2	3

2 H : 10 = 2 Z
3 Z : 10 = 3 E

2. Ergänze und löse.

450 : 10 =

H	Z	E
4	5	0
	4	5

920 : 10 =

H	Z	E
9	2	0
	9	2

810 : 10 =

H	Z	E
8	1	0
	8	1

370 : 10 =

H	Z	E
3	7	0
	3	7

240 : 10 =

H	Z	E
2	4	0
	2	4

530 : 10 =

H	Z	E
5	3	0
	5	3

3. Malnehmen und teilen. Arbeite in deinem Heft.

34 · 10 = 340
560 : 10 = 56
10 · 78 = 780

450 : 10 = 45
66 · 10 = 660
820 : 10 = 82

10 · 23 = 230
23 · 10 = 230
390 : 10 = 39

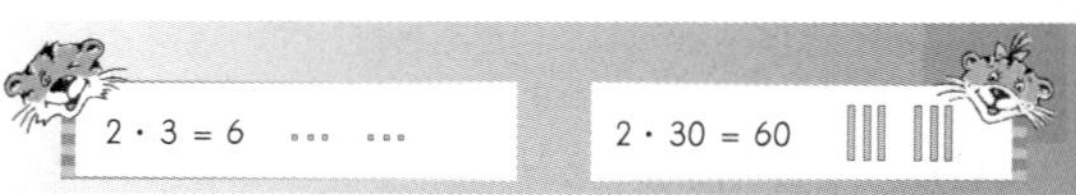

1. Erkenne die Zusammenhänge.

5 · 7 = 35
5 · 70 = 350
70 · 5 = 350

3 · 8 = 24
3 · 80 = 240
80 · 3 = 240

6 · 4 = 24
6 · 40 = 240
40 · 6 = 240

7 · 3 = 21
7 · 30 = 210
30 · 7 = 210

2. Erkenne die Zusammenhänge.

3 · 60 =
3 —(· 60)→ 180
3 —(· 6)→ 18 —(· 10)→ 180

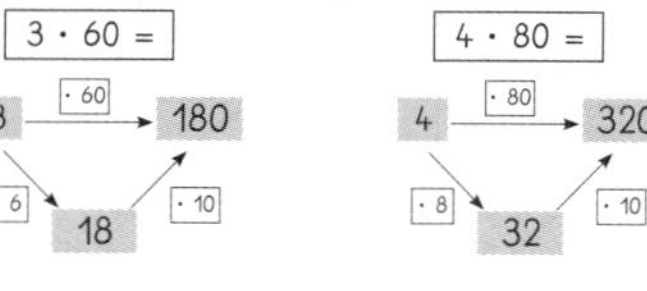

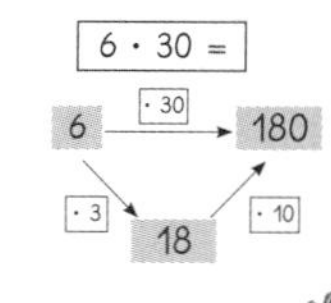

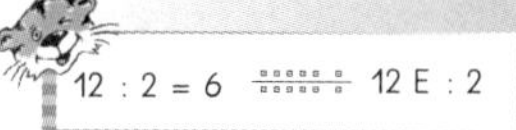

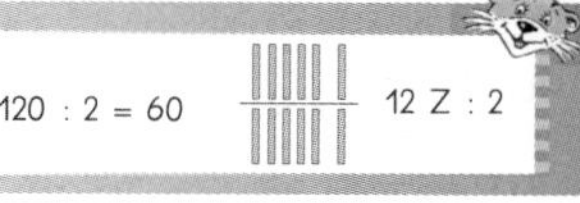

3. Erkenne die Zusammenhänge.

48 : 8 = 6
480 : 8 = 60

56 : 7 = 8
560 : 7 = 80

27 : 9 = 3
270 : 9 = 30

72 : 8 = 9
720 : 8 = 90

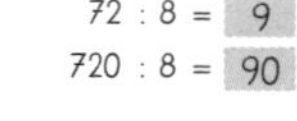

4. Erkenne die Zusammenhänge.

180 : 30 =
180 —(: 30)→ 6
180 —(: 10)→ 18 —(: 3)→ 6

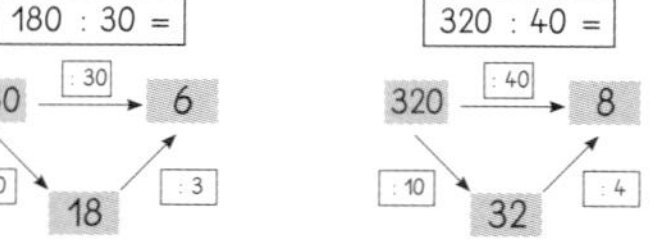

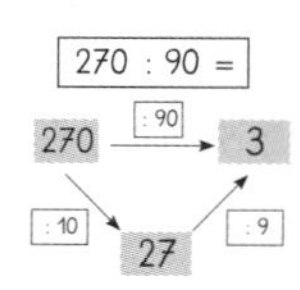

5. Erkenne die Zusammenhänge. Beschreibe sie und rechne.

21 : 3 = 7
210 : 3 = 70
210 : 30 = 7

35 : 5 = 7
350 : 5 = 70
350 : 50 = 7

24 : 8 = 3
240 : 8 = 30
240 : 80 = 3

30 : 6 = 5
300 : 6 = 50
300 : 60 = 5

Malnehmen im Zahlenraum 1 000 mit großen Zahlen

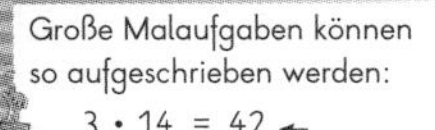

Große Malaufgaben können so aufgeschrieben werden:

3 · 14 = 42
3 · 10 = 30 Lösung
3 · 4 = 12

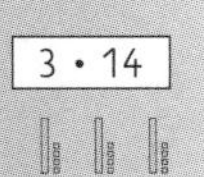

3 · 14

Ich kenne eine kurze Form. Ich notiere nur die Ergebnisse von 3 · 10 und 3 · 4.

3 · 14 = 42
30, 12

1. Löse wie Teo.

4 · 16 = 64 | 5 · 18 = 90 | 6 · 13 = 78 | 7 · 12 = 84
4 · 10 = 40 | 5 · 10 = 50 | 6 · 10 = 60 | 7 · 10 = 70
4 · 6 = 24 | 5 · 8 = 40 | 6 · 3 = 18 | 7 · 2 = 14

2. Löse wie Tia.

5 · 19 = 95 | 3 · 17 = 51 | 6 · 15 = 90 | 4 · 14 = 56
50, 45 | 30, 21 | 60, 30 | 40, 16

Auch Malaufgaben mit großen Zahlen lassen sich so lösen.

3 · 45 = 135
3 · 40 = 120
3 · 5 = 15
oder: 3 · 45 = 135
120, 15

3 · 245 = 735
3 · 200 = 600
3 · 40 = 120
3 · 5 = 15
oder: 3 · 245 = 735
600, 120, 15

3. Wähle deine Schreibweise. Lange oder kurze Form. Arbeite in deinem Heft.

4 · 27 = 108 | 2 · 139 = 278 | 3 · 216 = 648 | 6 · 87 = 522

Für große Malaufgaben verwende ich das Malkreuz.

12 · 14 =

·	10	4
10	100	40
2	20	8

168

4. Löse mit dem Malkreuz.

16 · 24 = 384

·	20	4
10	200	40
6	120	24

384

36 · 23 = 828

·	20	3
30	600	90
6	120	18

828

25 · 38 = 950

·	30	8
20	600	160
5	150	40

950

Teilen im Zahlenraum 1 000 mit großen Zahlen

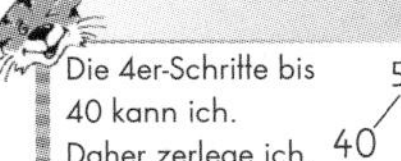

Die 4er-Schritte bis 40 kann ich. Daher zerlege ich.

56 → 40, 16

Große Teilungsaufgaben können so aufgeschrieben werden.

56 : 4 = 14
40 : 4 = 10
16 : 4 = 4

1. Löse wie Tia.

72 : 6 = 12 | 42 : 3 = 14 | 65 : 5 = 13 | 84 : 7 = 12 | 38 : 2 = 19
60 : 6 = 10 | 30 : 3 = 10 | 50 : 5 = 10 | 70 : 7 = 10 | 20 : 2 = 10
12 : 6 = 2 | 12 : 3 = 4 | 15 : 5 = 3 | 14 : 7 = 2 | 18 : 2 = 9

2. Löse diese Teilungsaufgaben durch Zerlegen der Zahlen. → 636 = 600 + 30 + 6

636 : 6 = 106 | 369 : 3 = 123 | 482 : 2 = 241 | 440 : 2 = 220
600 : 6 = 100 | 300 : 3 = 100 | 400 : 2 = 200 | 400 : 2 = 200
30 : 6 = 5 | 60 : 3 = 20 | 80 : 2 = 40 | 40 : 2 = 20
6 : 6 = 1 | 9 : 3 = 3 | 2 : 2 = 1 |

10 · 13 = 130
So ist 130 : 13 = 10
Ich rechne in Schritten.

143 : 13 = 11
130 : 13 = 10
13 : 13 = 1

3. Löse wie Teo.

132 : 12 = 11 | 240 : 20 = 12 | 176 : 16 = 11 | 165 : 15 = 11
120 : 12 = 10 | 200 : 20 = 10 | 160 : 16 = 10 | 150 : 15 = 10
12 : 12 = 1 | 40 : 20 = 2 | 16 : 16 = 1 | 15 : 15 = 1

4. Für echte Rechenprofis! Suche nach Zahlzerlegungen, die sich gut teilen lassen.

741 : 3 = 247
600 : 3 = 200
Rest (141 : 3)
120 : 3 = 40
Rest (21 : 3)
21 : 3 = 7

638 : 2 = 319
600 : 2 = 300
Rest (38 : 2)
20 : 2 = 10
Rest (18 : 2)
18 : 2 = 9

976 : 4 = 244
800 : 4 = 200
Rest (176 : 4)
160 : 4 = 40
Rest (16 : 4)
16 : 4 = 4

Schriftliche Addition ohne Übergang

Wir addieren mit der Stellenwerttabelle.

243 + 324

Ich beginne bei den Einern und addiere Stelle für Stelle.

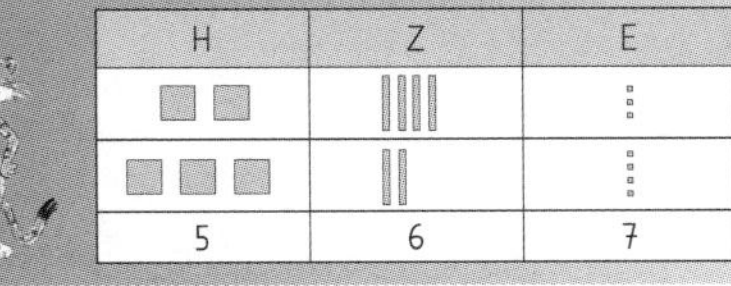

H	Z	E
5	6	7

H	Z	E
2	4	3
3	2	4
5	6	7

1. Zeichne und schreibe als Rechnung.

435 + 232 = 667

H	Z	E
6	6	7

H	Z	E
4	3	5
2	3	2
6	6	7

2. Zeichne und schreibe als Rechnung.

342 + 433 = 775

H	Z	E
7	7	5

H	Z	E
3	4	2
4	3	3
7	7	5

3. Zeichne und schreibe als Rechnung.

554 + 132 = 686

H	Z	E
6	8	6

H	Z	E
5	5	4
1	3	2
6	8	6

Schriftliche Addition mit Übergang

12 Einer? Ich tausche 10 Einer in eine Zehnerstange und addiere sie bei den Zehnern.

435 + 247

Ich notiere einen Zehner (für 10 Einer) bei den Zehnern.

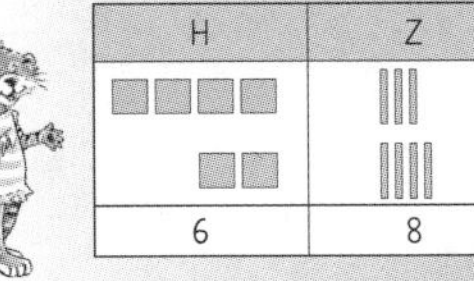

H	Z	E
6	8	2

H	Z	E
4	3	5
2	4_1	7
6	8	2

1. Rechne wie oben.

H	Z	E
4	4	7
2	3_1	7
6	8	4

H	Z	E
1	6	3
7	2_1	8
8	9	1

H	Z	E
3	7	4
5	1_1	8
8	9	2

H	Z	E
4	5	9
3	2_1	3
7	8	2

H	Z	E
8	2	6
1	5_1	6
9	8	2

2.

H	Z	E
3	4	4
2	3_1	6
5	8	0

H	Z	E
7	2	1
2	4_1	9
9	7	0

H	Z	E
5	3	8
2	4_1	2
7	8	0

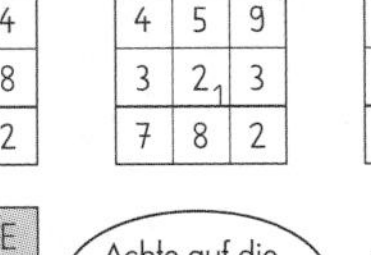

3.

H	Z	E
4	5	2
2_1	5	3
7	0	5

H	Z	E
5	7	2
3_1	3	5
9	0	7

H	Z	E
4	8	5
4_1	1_1	7
9	0	2

4. Schreibe stellenwertgerecht untereinander.

38 + 271

	3	8
2_1	7	1
3	0	9

315 + 29

3	1	5
	2_1	9
3	4	4

403 + 310

4	0	3
3	1	0
7	1	3

78 + 564

	7	8
5_1	6_1	4
6	4	2

203 + 87

2	0	3
	8_1	7
2	9	0

Schriftliche Addition

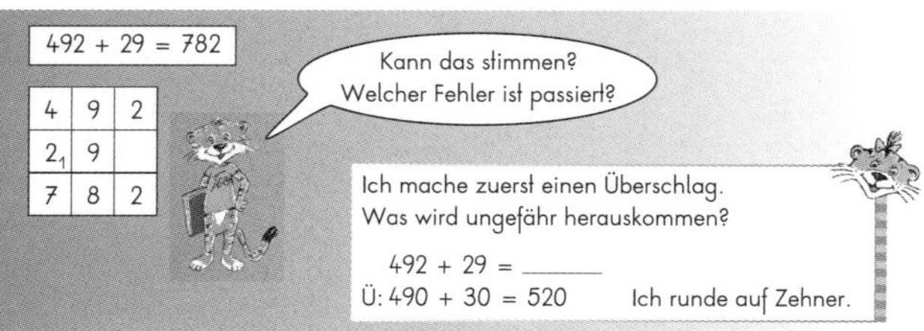

1. Berechne zuerst den Überschlag. Runde auf Zehner.

2	9	5
4_1	2	1
7	1	6

7	6	1
1_1	8_1	9
9	5	0

5	3	8
2	5_1	6
7	9	4

3	0	5
5_1	9_1	9
9	0	4

Ü: 300 + 420 = 720 Ü: 760 + 190 = 950 Ü: 540 + 260 = 800 Ü: 310 + 600 = 910

2. Welche Fehler sind hier passiert? Überschlage zuerst, stelle dann richtig.

2	6	4
3	2	6
5	8	0

2	6	4
3	2_1	6
5	9	0

2	2	
4	3	8
6	5	8

	2	2
4	3_1	8
4	6	0

Ü: 260 + 330 = 590 Ü: 20 + 440 = 460

3. Oje! Teo und Tia haben gepatzt. Setze die fehlenden Zahlen ein.

3 2 8 / 4 5_1 3 / 7 8 1 5 2 9 / 3 6_1 5 / 8 9 4 2 0 9 / 4 3_1 2 / 6 4 1 6 7 3 / $1_1$6 1 / 8 3 4 2 8 4 / $3_1$5 4 / 6 3 8

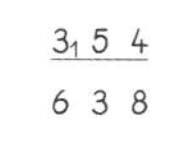

4. a. 536 + 277 = 813 b. 25 + 475 = 500 c. 251 + 156 + 327 = 734 d. 251 + 71 = 322 e. z. B.: 524 + 312 = 836 = gerade f. z. B.: 293 + 314 = 607 = ungerade

Geldbeträge in Kommaschreibweise

1. Tia und Teo verkaufen selbst gebastelte Dinge für einen guten Zweck.

Tia und Teo beraten, ob sie die Preise in Kommaschreibweise oder mit beiden Bezeichnungen (Euro und Cent) oder nur in Cent angeben sollen. Vervollständige die Tabelle. Welche Schreibweise würdest du wählen und warum?

	Kommaschreibweise	Euro und Cent	Cent
Fingerpuppe	2,50 €	2 € 50 c	250 c
Karte klein	0,90 €	90 c	90 c
Karte groß	1,25 €	1€ 25 c	125 c
Blume	3,20 €	3 € 20 c	320 c
Stern	1,50 €	1€ 50 c	150 c
Lesezeichen	2,15 €	2 € 15 c	215 c

Tipp: Das Komma trennt Euro und Cent. Für den Centbetrag müssen 2 Stellen bedacht werden.
z. B.: 5 € 20 c = 5,20 €
5 € 2 c = 5,02 €

2. Tia und Teo verkaufen viele Sachen. Sie erstellen Rechnungen. Überprüfe diese. Bessere die Fehler aus.

3,20 € + 1,25 € + 0,90 € = 5,35 €
2,50 € + 1,25 € + 2,15 € = 5,90 €
2,50 € + 1,25 € + 1,25 € + 1,50 € = 6,50 €
2,50 € + 1,25 € + 2,15 € + 0,90 € = 6,80 €
2,50 € + 1,25 € + 2,15 € + 2,15 € = 8,05 €
3,20 € + 0,90 € + 1,25 € + 2,50 € + 0,90 € = 8,75 €

3. a. Einkauf: 7,20 € Restgeld: 2,80 €
b. Einkauf: 11,50 € Restgeld: 8,50 €
c. Einkauf: 19 € Restgeld: 1 €
d. Beispiele: 2 Fingerpuppen oder 4 große Karten oder 3 kleine Karten und 1 Lesezeichen ...

Schriftliche Subtraktion ohne Übergang

754 − 342

Wir subtrahieren mit der Stellenwerttabelle.
Wie viel muss ich zu 342 dazugeben, damit 754 erreicht wird?

H	Z	E
7	5	4
▢▢▢	IIII	:
▢▢▢▢	I	:

2 E und wie viel sind 4 E?
4 Z und wie viel sind 5 Z?
3 H und wie viel sind 7 H?

754

Ich muss 412 dazugeben.

H	Z	E
7	5	4
− 3	4	2
4	1	2

342 und 412 ergeben zusammen 754.

1. Zeichne und schreibe als Rechnung.

876 − 233 = 643

H	Z	E
8	7	6
▢▢	III	⋮
▢▢▢▢▢▢	IIII	⋮

876

H	Z	E
8	7	6
− 2	3	3
6	4	3

2. Zeichne und schreibe als Rechnung.

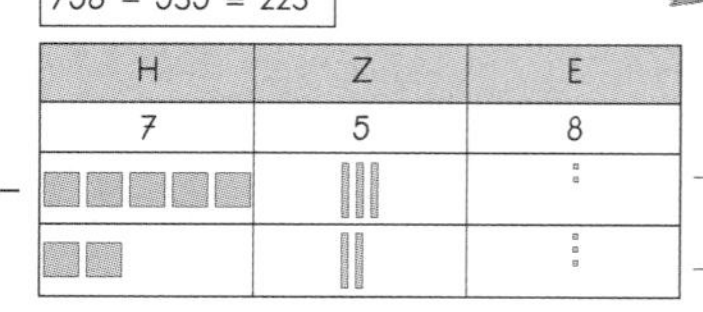

758 − 535 = 223

H	Z	E
7	5	8
▢▢▢▢▢	III	⋮
▢▢	II	⋮

758

H	Z	E
7	5	8
− 5	3	5
2	2	3

Schriftliche Subtraktion mit Übergang

652 − 234

H	Z	E
6	5	2
− 2	3_1	4
4	1	8

Durch das Dazugeben von 8 Einern erhält man 12 Einer.
Dadurch gewinnt man einen Zehner,
der in die Zehnerspalte kommt.
3 Zehner und 1 Zehner sind 4 Zehner.
4 Zehner und wie viel ergeben 5 Zehner? → 1 Zehner
2 Hunderter und wie viel ergeben 6 Hunderter?
→ 4 Hunderter

1. Subtrahiere und mache eine Addition zur Probe.

H	Z	E
7	6	4
− 2	4_1	9
5	1	5

→

H	Z	E
2	4	9
5	1_1	5
7	6	4

H	Z	E
9	7	2
− 4	5_1	3
5	1	9

→

H	Z	E
4	5	3
5	1_1	9
9	7	2

2. Rechne in deinem Heft. Achtung bei der 0.

650 − 238 = 412 750 − 429 = 321 670 − 357 = 313 805 − 243 = 562 907 − 534 = 373 580 − 255 = 325 340 − 129 = 211 905 − 527 = 378 409 − 317 = 92

3. Schreibe stellenwertgerecht untereinander und löse.

572 − 63 = 509

H	Z	E
5	7	2
−	6_1	3
5	0	9

894 − 28 = 866

H	Z	E
8	9	4
−	2_1	8
8	6	6

765 − 37 = 728

H	Z	E
7	6	5
−	3_1	7
7	2	8

972 − 48 = 924

H	Z	E
9	7	2
−	4_1	8
9	2	4

4. Welche Fehler sind hier passiert? Überschlage zuerst, stelle dann richtig.

9	5	1
− 1	2	8
8	3	3

9	5	1
− 1	2_1	8
8	2	3

7	4	2
− 1	9	
5	5	2

7	4	2
−	1_1	9
7	2	3

Ü: 950 − 130 = 820 Ü: 740 − 20 = 720

Arbeite das Buch der Reihe nach, Seite für Seite durch. Hast du eine Seite geschafft, klebe oben einen Sticker ein (grauer Tigerkopf). So kannst du sehen, wie dein Wissen Sticker für Sticker wächst!

Dieses Buch gehört:

____

Schriftliche Subtraktion

932 – 384

	H	Z	E
	9	3	2
–	3_1	8_1	4
	5	4	8

Durch das Dazugeben von 8 Einern erhält man 12 Einer. Ein Zehner kommt in die Zehnerspalte.
9 Zehner und 4 Zehner sind 13 Zehner. Man gewinnt einen Hunderter, dieser kommt in die Hunderterspalte.
4 Hunderter und wie viel ergeben 9 Hunderter?
→ 5 Hunderter

1. Berechne zuerst den Überschlag. Runde auf Zehner.

621 – 238 = 383 | 852 – 479 = 373 | 533 – 357 = 176 | 742 – 243 = 499

Ü: 620 – 240 = 380 Ü: 850 – 480 = 370 Ü: 530 – 360 = 170 Ü: 740 – 240 = 500

2. Ist hier ein Fehler passiert? Wenn nötig, stelle richtig und erkläre.

	H	Z	E
	8	5	3
–	7	5_1	8
	1	0	5

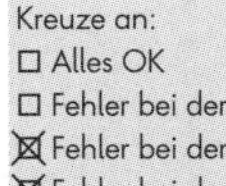

Kreuze an:
☐ Alles OK
☐ Fehler bei der Einerstelle
☒ Fehler bei der Zehnerstelle
☒ Fehler bei der Hunderterstelle

Ü: 850 – 760 = 90

	8	5	3
–	7_1	5_1	8
		9	5

	H	Z	E
	5	4	0
–	3	2	3
	3	2	0

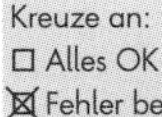

Kreuze an:
☐ Alles OK
☒ Fehler bei der Einerstelle
☒ Fehler bei der Zehnerstelle
☒ Fehler bei der Hunderterstelle

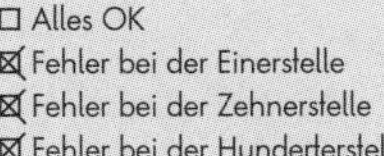

Ü: 540 – 320 = 220

	5	4	0
–	3	2_1	3
	2	1	7

3. Löse und arbeite in deinem Heft.

a. 493 – 258 = 235
b. 843 – 56 = 787
c. z. B.: 940 – 521 = 419
d. z. B.: 782 – 436 = 346 = gerade
z. B.: 621 – 438 = 183 = ungerade

Schriftliche Multiplikation

Z	E
4	3 • 2
	6
8	0
8	6

Ich rechne kürzer:
2 mal 3 Einer sind 6 Einer,
2 mal 4 Zehner sind 8 Zehner.

Z	E
4	3 • 2
8	6

1. Rechne wie Teo. Zuerst die Einer, dann die Zehner.

23 • 3 = 69 | 21 • 4 = 84 | 42 • 2 = 84 | 31 • 3 = 93 | 24 • 2 = 48

Multiplizieren mit Übertrag

Z	E
1	4 • 3
4	2

3 mal 4 Einer sind 12 Einer. 2 Einer in die Einerspalte.
10 Einer sind 1 Zehner (Behalteziffer).
3 mal 1 Zehner sind 3 Zehner, dazu kommt 1 Zehner, also insgesamt 4 Zehner.

2. Multipliziere mit Übertrag. Achte auf die Behalteziffer.

25 • 5 = 125 | 48 • 2 = 96 | 29 • 2 = 58 | 37 • 7 = 259 | 24 • 3 = 72

3. Rechne genauso mit dreistelligen Zahlen.

HZE 236 • 2 = 472 | HZE 315 • 3 = 945 | HZE 214 • 4 = 856 | HZE 327 • 3 = 981 | HZE 123 • 4 = 492

4. Hier gibt es zwei Überträge.

257 • 3 = 771 | 245 • 3 = 735 | 478 • 2 = 956 | 136 • 4 = 544

243 • 4 = 972 | 145 • 4 = 580 | 485 • 2 = 970 | 126 • 5 = 630

Schriftliche Multiplikation

1. Achte auf die 0.

HZE 250 • 3 = 750 | HZE 408 • 2 = 816 | HZE 309 • 3 = 927 | HZE 460 • 2 = 920 | HZE 203 • 4 = 812

HZE 180 • 5 = 900 | HZE 270 • 3 = 810 | HZE 190 • 5 = 950 | HZE 109 • 6 = 654 | HZE 240 • 4 = 960

Kann das stimmen?

304 • 2 = 68

Welcher Fehler ist passiert?

Mache zuerst einen Überschlag, runde auf Hunderter.
Ü: 300 • 2 ≈ 600

2. Löse.

295 • 3 = 885 | 408 • 2 = 816 | 207 • 4 = 828 | 319 • 3 = 957

Ü: 300 • 3 ≈ 900 Ü: 400 • 2 ≈ 800 Ü: 200 • 4 ≈ 800 Ü: 300 • 3 ≈ 900

105 • 5 = 525 | 311 • 3 = 933 | 389 • 2 = 778 | 197 • 4 = 788

Ü: 100 • 5 ≈ 500 Ü: 300 • 3 ≈ 900 Ü: 400 • 2 ≈ 800 Ü: 200 • 4 ≈ 800

3. Oje. Die Füllfeder hat gepatzt. Setze die fehlenden Zahlen ein.

273 • 3 = 819 | 198 • 5 = 990 | 439 • 2 = 878 | 245 • 4 = 980

329 • 2 = 658 | 176 • 5 = 880 | 129 • 6 = 774 | 435 • 2 = 870

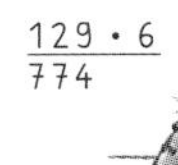

4. Was fällt dir auf?

484 • 2 = 968 | 242 • 4 = 968 | 121 • 8 = 968

Immer: ☐ 698 ☐ 869 ☒ 968

124 • 8 = 992 | 248 • 4 = 992 | 496 • 2 = 992

Immer: ☒ 992 ☐ 229 ☐ 929

5. Rechne in deinem Heft.

a. 173 • 4 = 692
b. 239 • 3 = 717
c. z. B.: 438 • 2 = 876 = gerade Zahl
d. z. B.: 672 – 416 = 256; 256 • 3 = 768
e. z. B.: 476 • 2 = 952; 952 – 358 = 594
f. z. B.: 117 + 231 = 348; 348 • 2 = 696

Multiplikation mit 2 ergibt immer eine gerade Zahl, eine ungerade Zahl ist unmöglich.

6. Finde fünf Multiplikationen. Das Ergebnis soll zwischen 500 und 900 sein.

z. B.: 239 • 3 = 717 | 163 • 4 = 652 | 421 • 2 = 842 | usw.

7. Finde fünf Multiplikationen. Das Ergebnis soll zwischen 900 und 1 000 sein.

z. B.: 466 • 2 = 932 | 248 • 4 = 992 | 199 • 5 = 995 | usw.

8. Rechne in deinem Heft.

134 • 7 = 938	429 • 2 = 858	143 • 6 = 858	347 • 2 = 694	348 • 2 = 696
243 • 4 = 972	204 • 3 = 612	174 • 4 = 696	121 • 7 = 847	153 • 6 = 918
301 • 3 = 903	318 • 2 = 636	139 • 3 = 417	149 • 6 = 894	197 • 2 = 394
129 • 6 = 774	162 • 5 = 810	472 • 2 = 944	295 • 2 = 590	274 • 3 = 822
391 • 2 = 782	255 • 3 = 765	261 • 3 = 783	162 • 4 = 648	407 • 2 = 814

Schriftliche Division

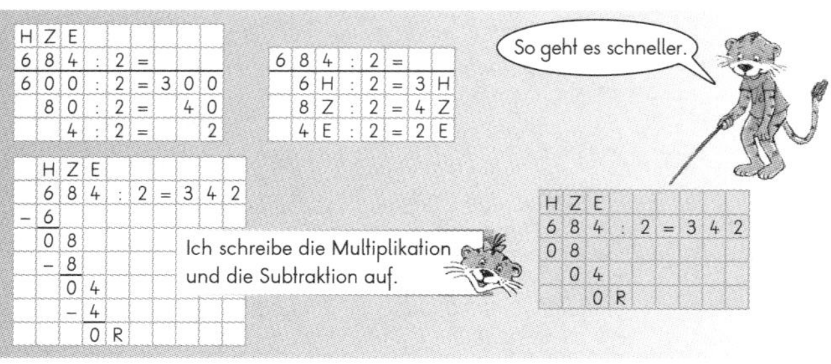

1. Rechne zuerst wie Tia, dann kürzer wie Teo.

936 : 3 = 312 / – 9 / 03 / – 3 / 06 / – 6 / 0 R

484 : 4 = 121 / – 4 / 08 / – 8 / 04 / – 4 / 0 R

428 : 2 = 214 / – 4 / 02 / – 2 / 08 / – 8 / 0 R

936 : 3 = 312 / 03 / 06 / 0 R

484 : 4 = 121 / 08 / 04 / 0 R

428 : 2 = 214 / 02 / 08 / 0 R

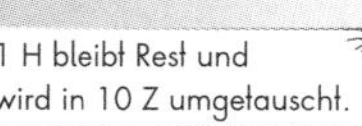

1 H bleibt Rest und wird in 10 Z umgetauscht.

2. Hier musst du schon umtauschen.

928 : 2 = 464 / – 8 / 12 / – 12 / 08 / – 8 / 0 R

723 : 3 = 241 / – 6 / 12 / – 12 / 03 / – 3 / 0 R

964 : 4 = 241 / – 8 / 16 / – 16 / 04 / – 4 / 0 R

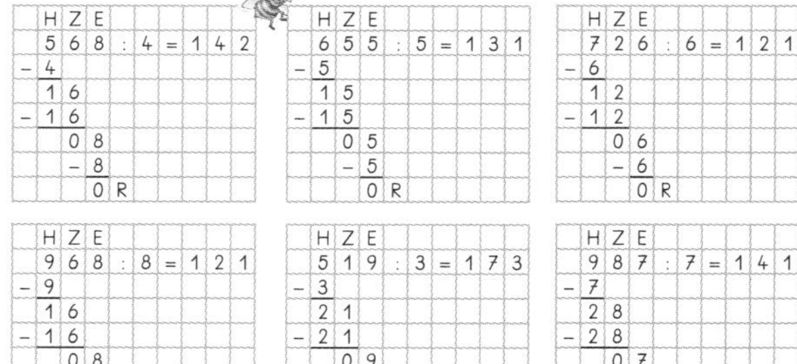

3. Löse diese Divisionen.

568 : 4 = 142 / – 4 / 16 / – 16 / 08 / – 8 / 0 R

655 : 5 = 131 / – 5 / 15 / – 15 / 05 / – 5 / 0 R

726 : 6 = 121 / – 6 / 12 / – 12 / 06 / – 6 / 0 R

968 : 8 = 121 / – 8 / 16 / – 16 / 08 / – 8 / 0 R

519 : 3 = 173 / – 3 / 21 / – 21 / 09 / – 9 / 0 R

987 : 7 = 141 / – 7 / 28 / – 28 / 07 / – 7 / 0 R

4. Hier musst du bei den Hundertern und bei den Zehnern tauschen.

948 : 4 = 237 / – 8 / 14 / – 12 / 28 / – 28 / 0 R

732 : 3 = 244 / – 6 / 13 / – 12 / 12 / – 12 / 0 R

725 : 5 = 145 / – 5 / 22 / – 20 / 25 / – 25 / 0 R

872 : 4 = 218 / – 8 / 07 / – 04 / 32 / – 32 / 0 R

976 : 8 = 122 / – 8 / 17 / – 16 / 16 / – 16 / 0 R

822 : 6 = 137 / – 6 / 22 / – 18 / 42 / – 42 / 0 R

5. Achte auf die 0.

705 : 5 = 141 / – 5 / 20 / – 20 / 05 / – 05 / 0 R

904 : 8 = 113 / – 8 / 10 / – 08 / 24 / – 24 / 0 R

501 : 3 = 167 / – 3 / 20 / – 18 / 21 / – 21 / 0 R

Schriftliche Division

728 : 8 = 91 / – 72 / 08 / – 8 / 0 R

Hier musst du schon zu Beginn tauschen.

Tausche die 7 Hunderter in Zehner, somit sind es dann 72 Zehner.

1. Rechne in deinem Heft.
282 : 3 = 94   332 : 4 = 83   305 : 5 = 61

2. Beschreibe, was dir bei diesen Rechnungen auffällt.

840 : 8 = 105
420 : 4 = 105

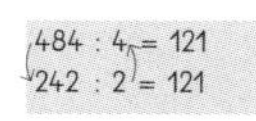

484 : 4 = 121
242 : 2 = 121

Wenn man Dividend und Divisor durch denselben Wert dividiert oder mit demselben Wert multipliziert, bleibt das Ergebnis gleich.

3. Die Malerin hat gekleckst. Setze die fehlenden Zahlen ein.

825 : 3 = 275 / – 6 / 22 / – 21 / 15 / – 15 / 0 R

684 : 4 = 171 / – 4 / 28 / – 28 / 04 / – 4 / 0 R

954 : 6 = 159 / – 6 / 35 / – 30 / 54 / – 54 / 0 R

786 : 5 = 157 / – 5 / 28 / – 25 / 36 / – 35 / 1 R

Wenn du die Einer nicht mehr aufteilen kannst, bleiben sie als Rest.

4. Rechne in deinem Heft.

934 : 7 = 133, R 3	529 : 9 = 58, R 7	847 : 2 = 423, R 1	949 : 2 = 474, R 1
673 : 4 = 168, R 1	844 : 3 = 281, R 1	751 : 7 = 107, R 2	733 : 6 = 122, R 1
739 : 3 = 246, R 1	711 : 6 = 118, R 3	149 : 9 = 16, R 5	897 : 8 = 112, R 1
879 : 6 = 146, R 3	362 : 5 = 72, R 2	295 : 2 = 147, R 1	634 : 7 = 90, R 4
591 : 5 = 118, R 1	455 : 3 = 151, R 2	662 : 4 = 165, R 2	527 : 8 = 65, R 7

Aufgaben zum Nachdenken

1. Rechenrätsel für Knobelprofis

Ananas	1
Birne	6
Pflaume	2
Trauben	3
Orange	5
Apfel	0
Banane	4

2. Rechenrätsel für Knobelprofis

Hase	8
Fuchs	1
Vogel	3
Bär	0
Frosch	9

3. Rechenrätsel für Knobelprofis

Käfer	0
Libelle	4
Fliege	5
Schmetterling	8
Biene	3

Problemlöseaufgaben

1. Die Zahl an der Hunderterstelle ist dreimal so groß wie die Einerstelle. Die Zahl an der Zehnerstelle ist halb so groß wie die Hunderterstelle. Addierst du alle drei Ziffern erhältst du 11.

H	Z	E
6	3	2

2. Die Zahl an der Einerstelle erhältst du, wenn du 2 verdoppelst und davon 1 subtrahierst. Die Zehnerstelle ist um 5 größer als die Einerstelle. Die Hunderterstelle ist die Hälfte von 10. Addierst du alle drei Ziffern erhältst du 16.

H	Z	E
5	8	3

3.

	4
	8
	2
	5
	3
	6

4. 
Ich denke an eine dreistellige Zahl mit zwei Nullen. Dividierst du sie durch 6 ergibt es dasselbe wie 25 · 2.

Die Zahl heißt 300.

5. Die gesuchte Zahl ergibt durch 7 dividiert das Doppelte von 26.

Die Zahl heißt 364.

6. Ich denke mir eine Zahl. Wenn du zu dieser Zahl 197 addierst und das Ergebnis durch 3 dividierst, erhältst du 86.

Die Zahl heißt 61.

Kniffelige Aufgaben

1. Schriftliche Addition

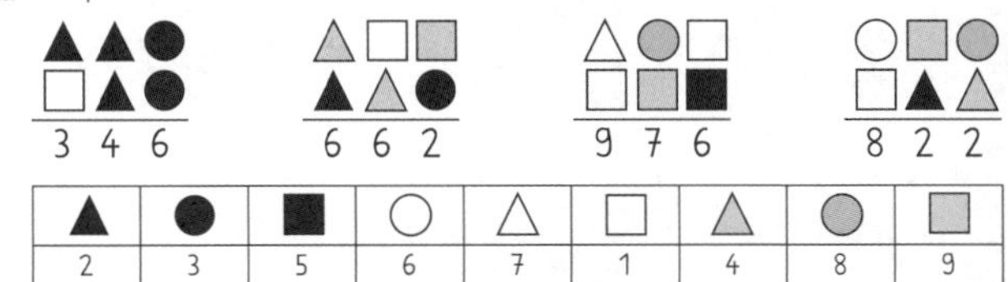

▲	●	■	○	△	□			
2	3	5	6	7	1	4	8	9

2. Findest du mehrere Möglichkeiten?

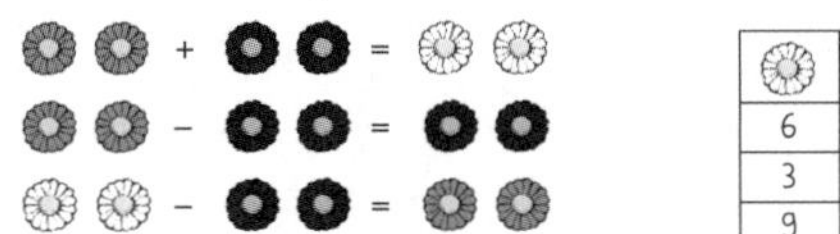

6	2	4
3	1	2
9	3	6

3. Tia und Teo sammeln Sticker. Wer hat mehr?

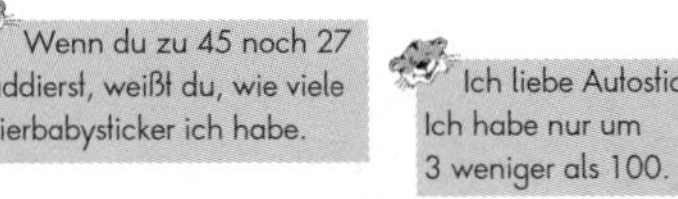

Ich habe 6 mal 7 Blumensticker.

Ich habe genauso viele Blumensticker wie Teo.

Ich habe das Dreifache von 17 an Fußballstickern.

Ich habe 5 mal 6 Dinosticker.

Sticker	Tia	Teo
	72	36
	44	51
	59	97
	42	42
	30	26
gesamt	247	252

Sachaufgaben

1. Was passt zur Rechnung? 12 · 4

- ☒ Im Lehrerzimmer unserer Schule stehen 12 Tische. An jedem Tisch haben 4 Personen Platz.
- ☐ In unserer Schule gibt es 12 Klassenräume und 4 Garderoben.
- ☐ In unserer Schule sind 4 Kinder 12 Jahre alt.

2. Kannst du die Fragen mithilfe des Textes beantworten?

Da Dinosaurier schon lange ausgestorben sind, können wir ihre Größe und ihr Gewicht nur vermuten. Einer der größten Fleischfresser aller Zeiten war der Tyrannosaurus Rex. Wahrscheinlich war er bis zu 12 Meter lang und hatte eine Höhe von zirka 6 Metern. Somit war er so hoch wie eine Giraffe, wog mit seinen 7 Tonnen aber ungefähr fünfmal so viel. Er fraß sogar andere Dinosaurier, zum Beispiel den Pflanzenfresser Triceratops. Mit dieser Beute von rund 6 Tonnen kam er bis zu 50 Tage aus. Ein ausgewachsener Löwe benötigt dagegen „nur" ungefähr 7 Kilogramm Fleisch pro Tag.

	Kann ich nicht sagen.	ja	nein
Eine Giraffe ist zirka 6 Meter hoch.		X	
Eine Giraffe wiegt zirka 7 Tonnen.			X
Der Tyrannosaurus Rex frisst am Tag zirka 6 Tonnen Fleisch.			X
Der Tiger frisst mehr als ein Löwe.	X		
Ein Löwe frisst zirka 350 Kilogramm Fleisch in 50 Tagen.		X	
Ein Löwe ist genauso schwer wie eine Giraffe.	X		

3. Kann das stimmen?

Die Sendung „Familie Tiger" läuft seit 3 Jahren jeden Montagnachmittag im Fernsehen. Sie wurde schon 500-mal gesendet.

Begründe: Nein. Ein Jahr hat 52 Wochen, also 52 • 3. Die Sendung wude ca. 156 mal gesendet.

4. Kann das stimmen?

a. Fynn feiert seinen zweiten Geburtstag. Sein Bruder hat ausgerechnet, dass er nun ungefähr 730 Tage alt ist.

Begründe: Ja, das stimmt, weil 365 • 2 = 730.

b. Über einen Lottogewinn von 850 Euro freuen sich 7 Spieler aus Wien. Jeder erhält zirka 200 Euro.

Begründe: 850 : 7 = 121, R 3; Es stimmt nicht, jeder erhält ca. 121 Euro.

c. Beim Fußballturnier des SC Torjäger nehmen 8 Mannschaften teil. Zirka 820 Kinder kämpfen um den Sieg.

Begründe: 820 : 8 = 102, R 4; Das kann nicht stimmen. Es wären über 100 Kinder pro Mannschaft. Eine Fußballmannschaft hat maximal 11 Spieler.

5. Erfinde eine Sachaufgabe zu folgender Rechnung und löse sie. 354 : 6

Es gibt viele Möglichkeiten, z. B. 354 Euro werden auf 6 Kinder aufgeteilt. Jedes Kind erhält 59 Euro.

6. Löse zuerst durch Überschlagen.
Mit dem Zug fahren ...

Zugfahrt
Erwachsener: 19 €
Kind: 9 €
Gruppe (ab 6 P.): 98 €

a. 4 Kinder und ein Erwachsener fahren mit dem Zug.
Ü: 40 € + 20 € = 60 €
R: 36 € + 19 € = 55 €

b. 5 Erwachsene und ein Kind
Ü: 100 € + 10 € = 110 €
R: Gruppenkarte: 98 €

c. 3 Erwachsene und 1 Kind
Ü: 60 € + 10 € = 70 €
R: 57 € + 9 € = 66 €

d. eine Schulklasse mit ihrer Lehrerin
Ü: –
R: Gruppenkarte: 98 €

LP: Größen
BIST: AK 1, 2, 3; IK 3

Längenmaße: Kilometer und Meter

Weglängen werden zumeist in Kilometer und Meter gemessen.

1 Kilometer = 1 000 Meter
1 km = 1 000 m

1. Die Kinder haben unterschiedlich lange Schulwege. Arbeite in deinem Heft.

Tia und Teo	Lina	Max	Bea	Chris
1 km 400 m	750 m	250 m	1 km 500 m	500 m

a. längster Schulweg: Bea
b. 2 km 900 m
c. 1 km 350 m
d. 3 km 50 m
e. Tia und Teo:
etwas weniger als 30 Minuten;
Lina 15 Minuten;
Max 5 Minuten;
Bea 30 Minuten;
Chris 10 Minuten

2. Ergänze auf 1 km.

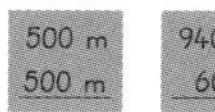
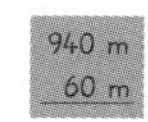
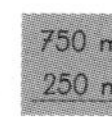
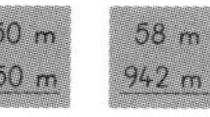
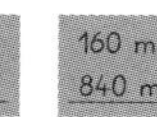
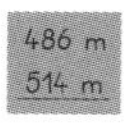
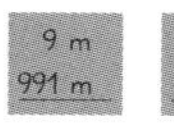

500 m	940 m	750 m	58 m	160 m	486 m	9 m	599 m
500 m	60 m	250 m	942 m	840 m	514 m	991 m	401 m

3. Ordne die Entfernungen der Länge nach. Beginne mit der kürzesten.

a. 780 m < 1 km 46 m < 1 km 158 m < 1 300 m
b. 250 m < 860 m < 1 km 4 m < 1 020 m < 2 100 m
c. 560 m < 5 km 230 m < 5 km 320 m < 5 390 m

4. Runde die Längen auf die Zehnerstelle.

123 m ~ 120 m 58 km ~ 60 m 978 m ~ 980 m
754 km ~ 750 m 17 km ~ 20 m 991 km ~ 990 m

5. Mona meint: „Von meinem Wohnort bis Krems sind es genau 76 km. Gerundet sind das 100 km." Würdest du auch so runden? Begründe deine Meinung.
Die Schätzung ist zu ungenau. Eine gute Schätzung ist 80 km.

LP: Größen
BIST: AK 1, 2, 3; IK 3

Längenmaße: Meter – Zentimeter

1 Meter = 100 Zentimeter
1 m = 100 cm

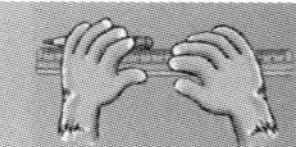

1. Seit der ersten Klasse sind die Kinder gewachsen.

	1. Klasse	3. Klasse	gewachsen um ____ cm
Tia	115 cm	1 m 24 cm	9 cm
Teo	112 cm	1 m 25 cm	13 cm
Dani	1 m 16 cm	129 cm	13 cm
Florian	109 cm	121 cm	12 cm
Tom	114 cm	1 m 31 cm	17 cm

Beantworte die Fragen.
Wer war in der 1. Klasse am größten? Dani
Wer ist in der 3. Klasse am größten? Tom
Wer ist in der 3. Klasse am kleinsten? Florian
Wer ist am meisten gewachsen? Tom

2. Schreib in cm.

3 m = 300 cm 2 m 30 cm = 230 cm 1 m 45 cm = 145 cm
7 m = 700 cm 3 m 82 cm = 382 cm 4 m 75 cm = 475 cm

3. Schreib in m.

800 cm = 8 m 600 cm = 6 m 1 500 cm = 15 m

4. Schreib in m und cm.

520 cm = 5 m 20 cm 425 cm = 4 m 25 cm
962 cm = 9 m 62 cm 830 cm = 8 m 30 cm

5. Wie viel fehlt bei den angegebenen Längen noch auf 10 m? Ergänze.

263 cm + 737 cm 8 m 50 cm + 1 m 50 cm

LP: Größen
BIST: AK 1, 2; IK 3

Längenmaße: Zentimeter – Millimeter

Wenn wir ganz kurze Strecken abmessen, dann geben wir sie in Millimeter an.

1 Zentimeter = 10 Millimeter
1 cm = 10 mm

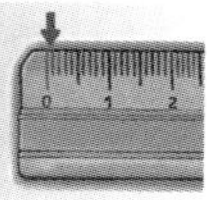

1. Schätze die gekennzeichnete Länge und ordne die wahrscheinlichste Angabe zu.
Lösung verkleinert dargestellt

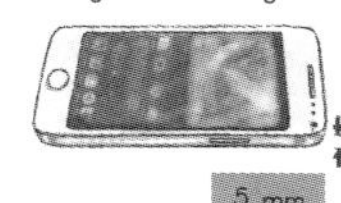
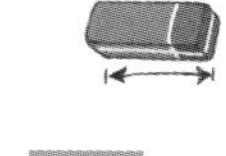
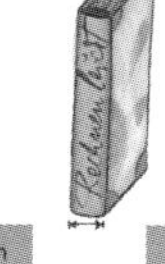
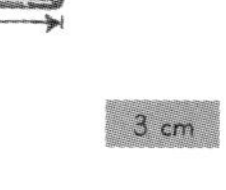
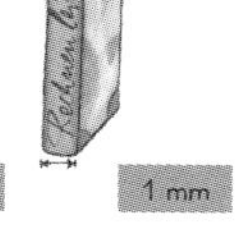

5 mm 5 cm 3 cm 1 mm

2. Miss die Strecken ab.

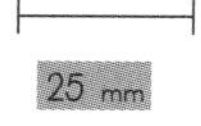
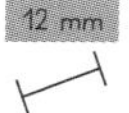

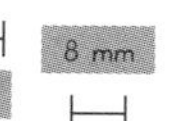
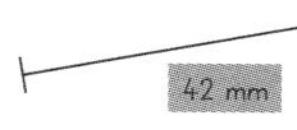

25 mm 12 mm 20 mm 15 mm 8 mm 42 mm

3. Zeichne die angegebenen Strecken, indem du die Endpunkte markierst.

7 cm 2 mm
11 cm
11 mm

4. Gib in mm an.

3 cm = 30 mm 2 cm 4 mm = 24 mm 8 cm 6 mm = 86 mm

5. Gib in cm an.

80 mm = 8 cm 140 mm = 14 cm 390 mm = 39 cm

6. Gib in cm und mm an.

72 mm = 7 cm 2 mm 142 mm = 14 cm 2 mm 849 mm = 84 cm 9 mm

7. Wie viel fehlt noch auf 10 cm? Ergänze.

60 mm + 40 mm 62 mm + 38 mm 7 cm 2 mm + 28 mm

8. Berechne.

160 mm – 60 mm = 100 mm 37 mm + 13 mm = 5 cm

LP: Größen
BIST: AK 1, 2; IK 3

Längenmaße: Meter – Dezimeter – Zentimeter – Millimeter

1 Meter = 10 Dezimeter 1 Meter = 100 Zentimeter 1 Meter = 1 000 Millimeter
1 m = 10 dm 1 m = 100 cm 1 m = 1 000 mm

1 Dezimeter = 10 cm 1 Dezimeter = 100 Millimeter
1 dm = 10 cm 1 dm = 100 mm

1. Welche Längeneinheit passt am besten? Schreib dazu.

1 dm

1 cm

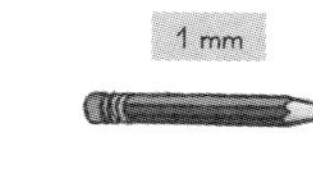
1 mm

1 m

2. Schätze zuerst die Länge, Breite oder Höhe des Gegenstandes. Miss anschließend nach.

Breite deiner Handfläche ~ 10 cm deine Schrittlänge ~ 70 cm Dicke dieses Buches ~ 15 mm

3. Notiere die verschiedenen Schreibweisen der Längen.

m	dm	cm	
1	5	3	1 m 5 dm 3 cm oder 1 m 53 cm oder 153 cm
4	0	9	4 m 0 dm 9 cm oder 4 m 9 cm oder 409 cm
6	4	8	6 m 4 dm 8 cm oder 6 m 48 cm oder 648 cm
2	8	0	2 m 8 dm oder 2 m 80 cm oder 280 cm

4. Notiere die verschiedenen Schreibweisen der Längen.

dm	cm	mm	
1	3	4	1 dm 3 cm 4 mm oder 13 cm 4 mm oder 134 mm
5	4	2	5 dm 4 cm 2 mm oder 54 cm 2 mm oder 542 mm
2	4	5	2 dm 4 cm 5 mm oder 24 cm 5 mm oder 245 mm

5. Ergänze: < oder = oder >. Rechne um.

2 m 5 dm = 25 dm 1 m 3 dm 5 cm < 135 dm
304 cm < 3 m 40 cm 12 cm 8 mm = 128 mm
52 dm = 5 m 2 dm 4 m 52 cm = 45 dm 2 cm

Gewichtsmaße: Tonne – Kilogramm

1 Tonne = 1 000 kg
1 t = 1 000 kg

Große Gewichte werden in Tonnen (t) angegeben. Welches Gewicht passt am besten? Verbinde.

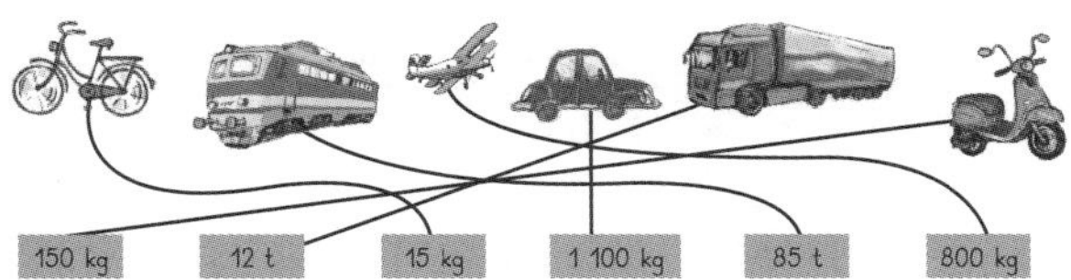

Über die alte Brücke dürfen nur Fahrzeuge fahren, die nicht schwerer als maximal eine Tonne sind. Entscheide, ob folgende Fahrzeuge auf die Brücke fahren dürfen. Begründe deine Entscheidung.

a. 850 kg + 160 kg = 1 010 kg → Das Fahrzeug ist zu schwer.
b. 1 150 kg + 90 kg = 1 240 kg → Das Fahrzeug ist zu schwer.
c. 760 kg + 200 kg = 960 kg → Das Fahrzeug darf über die Brücke fahren.

Auch Tiere können viel wiegen.
a. Bär < Stier < Nashorn < Elefant
b. Es fehlen 200 kg.
c. ca. 3

Erstelle ein Balkendiagramm mit den Gewichten der Tiere.
1 Kästchen entspricht 1 t.

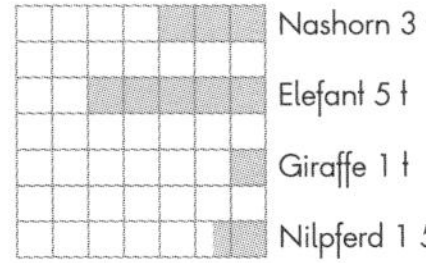

Berechne.

1 t minus 1 kg sind 999 kg. 1 t minus 100 kg sind 900 kg.
1 t minus 10 kg sind 990 kg. 1 t minus 1 000 kg sind 0 kg.

Gewichtsmaße: Kilogramm – Dekagramm – Gramm

1 Kilogramm = 100 Dekagramm
1 kg = 100 dag

1 Dekagramm = 10 Gramm
1 dag = 10 g

1. Bestimme das Gewicht der Gegenstände.

2 kg 20 dag 9 dag 47 dag

2. Gib in dag an.
3 kg = 300 dag 2 kg 25 dag = 225 dag 1 kg 5 dag = 105 dag

3. Gib in kg und dag an.
452 dag = 4 kg 52 dag 705 dag = 7 kg 5 dag 750 dag = 7 kg 50 dag

4. Kleine Gewichte werden oftmals in Gramm (g) angegeben.
Ordne das Obst nach dem Gewicht. Beginne mit dem leichtesten Stück.

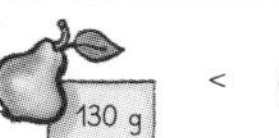

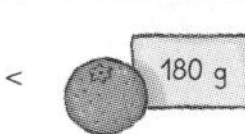
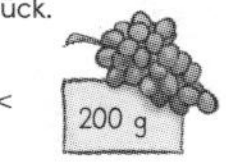

5. Gib in g an.
3 dag = 30 g 50 dag = 500 g 46 dag = 460 g 2 dag 3 g = 23 g

6. Gib in dag an.
20 g = 2 dag 700 g = 70 dag 250 g = 25 dag 320 g = 32 dag

7. Gib in dag und g an.
54 g = 5 dag 4 g 76 g = 7 dag 6 g 435 g = 43 dag 5 g

8. Betrachte die Waage.
Was erkennst du? Erkläre.

Obwohl beide Geschenke gleich aussehen, ist das linke schwerer. Die Waage ist nicht im Gleichgewicht.

Zeitmaße: Tag – Stunde – Minute – Sekunde

1 Tag = 24 Stunden 1 Stunde = 60 Minuten 1 Minute = 60 Sekunden
1 d = 24 h 1 h = 60 min 1 min = 60 s

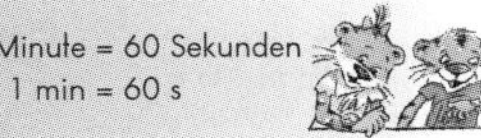

1. Welche Einheit passt am besten? Ordne zu.

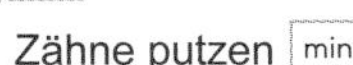

Schultag h
Gedicht lesen min
Zähne putzen min
URLAUB d
d min h
Schulwandertag h
Essen aufwärmen min
Fahrt von Wien nach Graz h

2. Ein Tag hat 24 Stunden. Die Uhr zeigt nur 12 Stunden. Somit gibt es zwei mögliche Uhrzeiten. Schreib die beiden Uhrzeiten auf.

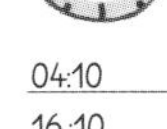

03:00	04:10	01:45	08:35	07:55	11:20
15:00	16:10	13:45	20:35	19:55	23:20

3. Teo sagt die Uhrzeiten an und Tia schreibt sie auf. Hilf Tia beim Aufschreiben.
fünf Minuten nach acht: 08:05 halb sieben: 06:30 fünf vor elf: 10:55
zwanzig nach zwölf: 12:20 Punkt zwölf: 12:00 zehn vor fünf: 04:50

4. Tia und Teo treffen Freunde zur vollen Stunde. Wie viele Minuten müssen sie warten?
14:45 Wartezeit: 15 min 11:28 Wartezeit: 32 min 09:16 Wartezeit: 44 min

5. Teo stoppt mit einer Stoppuhr die Tätigkeiten von Tia. Wandle um in min und s.
Schuhe putzen 320 s = 5 min 20 s Schultasche einpacken 190 s = 3 min 10 s

6. Wie viele Minuten sind vergangen?
von 07:35 bis 07:50: 15 min von 14:05 bis 14:58: 53 min
von 06:18 bis 06:43: 25 min von 08:58 bis 09:10: 12 min

7. Ein Tag hat 24 Stunden, somit sind es 12 Stunden.

Flächen

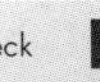

Rechteck Quadrat Dreieck Kreis

Flächen sind eben, sie haben eine Begrenzung und sind geschlossen.

1. Welche Flächen entdeckst du und wie viele von jeder Sorte?

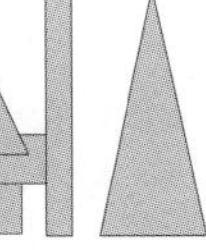

Rechtecke: 3
Quadrate: 2
Dreiecke: 5
Kreise: 3

2. Untersuche das Rechteck näher. Welche Aussagen sind richtig? Kreuze an.

	richtig	nicht richtig
Ein Rechteck hat vier rechte Winkel.	✓	
Gegenüberliegende Seiten sind gleich lang.	✓	
Ein Rechteck hat vier unterschiedlich lange Seiten.		✓
Gegenüberliegende Seiten sind parallel.	✓	
Gegenüberliegende Seiten sind krumm.		✓

3. Zeichne ein Rechteck auf ein Blatt Papier, das 7 cm lang und 4 cm breit ist. Kontrolliere, ob die bei Aufgabe 2 als „richtig" angegebenen Eigenschaften hier wirklich stimmen.

4. Untersuche das Quadrat näher. Welche Aussagen stimmen? Kreuze an.

	richtig	nicht richtig
Ein Quadrat hat vier rechte Winkel.	✓	
Alle Seiten sind unterschiedlich lang.		✓
Alle Seiten sind gleich lang.	✓	
Gegenüberliegende Seiten sind parallel.	✓	
Gegenüberliegende Seiten sind krumm.		✓

5. Die Behauptung stimmt. Ein Quadrat ist ein Rechteck, bei dem alle vier Seiten gleich lang sind.

Der Rand von Figuren – Umfang

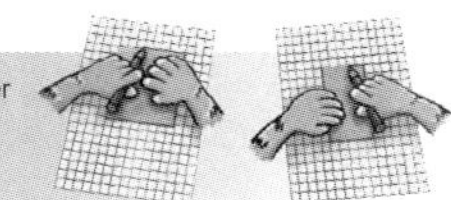

Tia und Teo legen verschiedene Figuren auf kariertes Papier und ziehen den Rand nach.
Die Länge des Randes wird als Umfang bezeichnet.

1. Wie lang ist der Umfang der Figuren? Zähle die Anzahl der Kästchenlängen (KL). Aus wie vielen Kästchenquadraten (KQ) besteht die Fläche? Zähle ab.

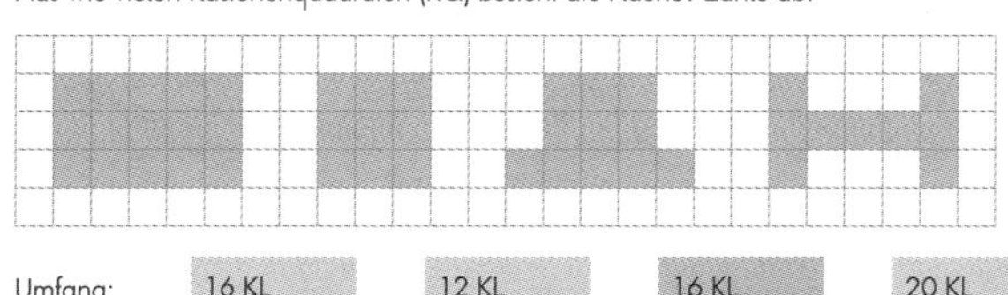

Umfang:	16 KL	12 KL	16 KL	20 KL
Flächeninhalt:	15 KQ	9 KQ	11 KQ	9 KQ

2. Zeichne drei unterschiedliche Figuren. Alle sollen aber einen Umfang von 12 Kästchenlängen haben. Bestimme anschließend auch die Größe der Fläche durch Angabe der Anzahl der Kästchenquadrate.

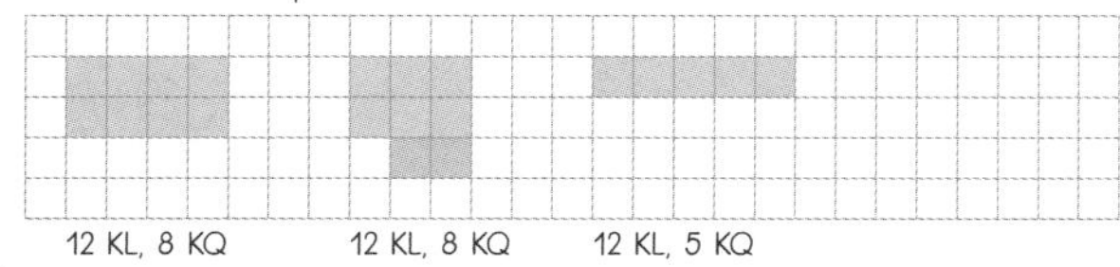

3. Zeichne ein Rechteck mit 4 cm Länge und 3 cm Breite. Umfang: u = 14 cm
Bestimme die Länge des Umfangs. Arbeite in deinem Heft.

4. Tia und Teo kennen drei Möglichkeiten, um den Umfang eines Rechtecks zu berechnen. Hilf ihnen beim Ergänzen der fehlenden Zahlen.

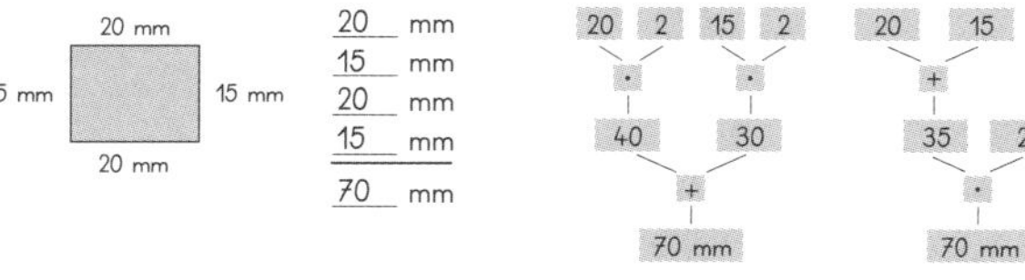

Umfänge berechnen

1. Miss die Länge und Breite des Rechtecks ab.
Berechne den Umfang auf drei verschiedene Möglichkeiten.

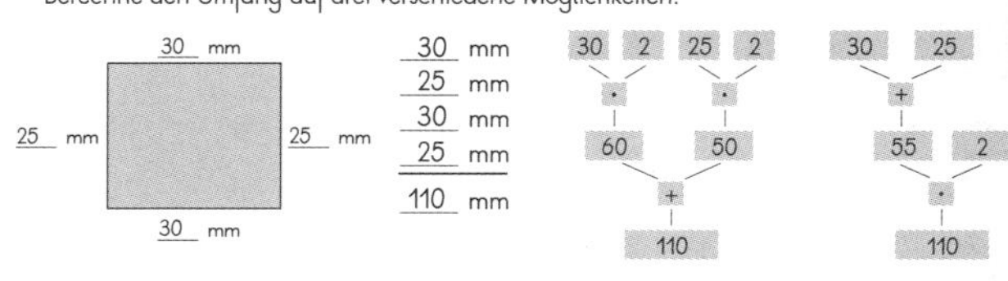

2. Berechne die Umfänge der Rechtecke in deinem Heft.
Wähle jene Methode, die für dich gut passt.
a. 186 mm b. 234 mm

3. Ja, da alle 4 Seiten gleich lang sind.

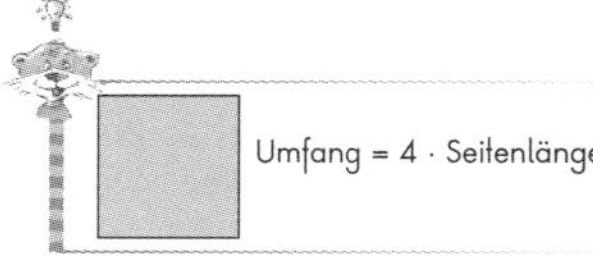

4. Berechne die Umfänge der Quadrate.
a. Seitenlänge: 45 mm = 180mm
b. Seitenlänge: 72 mm = 288 mm
c. Seitenlänge: 9 cm = 36 cm
d. Seitenlänge: 8 cm 5 mm = 340mm
Wandle in mm um!

5. Auch bei anderen Figuren kann man die Umfänge berechnen.
Addiere dazu die Längen aller Seiten.

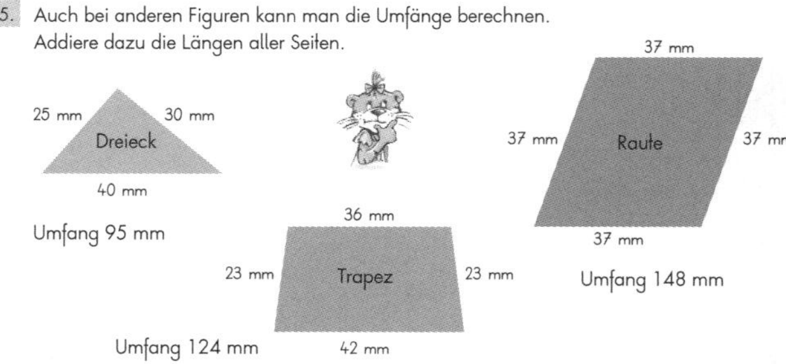

6. Stimmt, da alle 4 Seiten gleich lang sind.

Geometrische Körper

Bausteine sind geometrische Körper.
Es gibt Quader, Würfel, Kugeln, Pyramiden und viele mehr.

1. Ordne die Namen den Körpern zu. Ziehe Verbindungslinien.

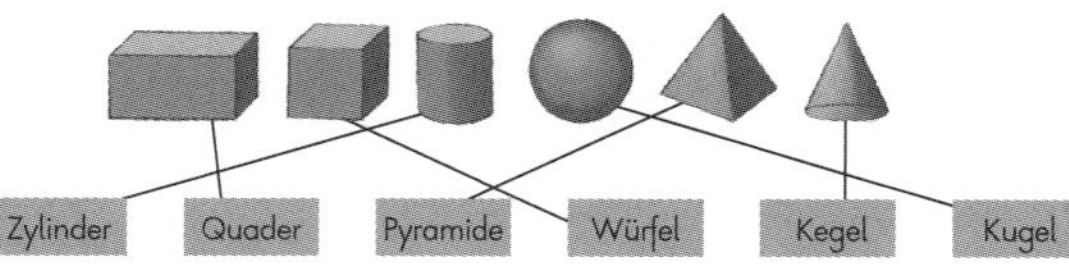

2. Baue mit Knetmasse und Stäbchen einen Quader und einen Würfel.
Fülle die Tabelle aus.

	Quader	Würfel
Anzahl der Ecken:	8	8
Anzahl der Kanten:	12	12
Anzahl der gleich langen Kanten:	je 4	alle 12

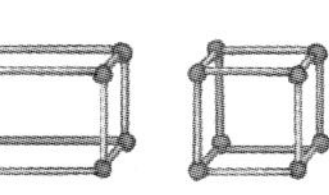

3. Die Aussage stimmt. Ein Würfel hat alle Eigenschaften des Quaders, zusätzlich sind alle Kanten gleich lang.

4. Welche Körperformen findest du?

Quader, Kugel, Pyramide, Zylinder

5. Male an: Quader – rot, Würfel – gelb, Zylinder – grün, Kugel – blau, Pyramide – orange

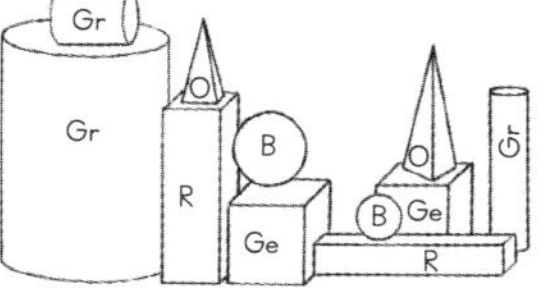

6. Welche Körper sind gemeint? Tipp: Es kann auch mehrere Lösungen geben.
Der Körper kann rollen, aber nicht kippen. Kugel
Der Körper kann kippen, aber nicht rollen. Quader, Würfel, Pyramide
Der Körper kann rollen und kippen. Zylinder, Kegel
Der Körper hat nur ebene Flächen. Quader, Würfel, Pyramide
Der Körper sieht von allen Seiten gleich aus. Würfel, Kugel

Orientierung

Tia und Teo machen mit ihren Eltern einen Ausflug nach Wien. Sie besorgen sich einen Stadtplan und überlegen, wo sie überall hingehen wollen. Sie bemerken, dass der Plan in Planquadrate eingeteilt ist.

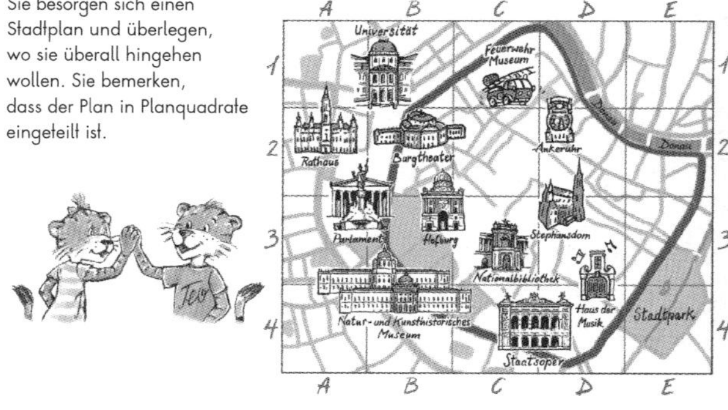

1. Man kann Orte / Gebäude leichter finden.

2. a. Stephansdom: D3
b. Staatsoper: C/D4
c. Ankeruhr: D2
d. Universität Wien: B1
e. Rathaus: A2
f. Hofburg: B3

3. Sie könnten gerade aus nach Norden gehen.

4. Von der Hofburg Richtung Parlament und dann rechts abbiegen.

5. Der Ringstraße (grauer Streifen) entlang. Dabei kann man viele historische Gebäude bewundern: Natur- und Kunsthistorisches Museum, Parlament, Rathaus und Burgtheater.

6. Individuelle Antwort

7. Individuelle Antwort

8. Individuelle Antwort

4. Kann das stimmen?

a. Fynn feiert seinen zweiten Geburtstag. Sein Bruder hat ausgerechnet, dass er nun ungefähr 730 Tage alt ist.

Begründe: ______

b. Über einen Lottogewinn von 850 Euro freuen sich 7 Spieler aus Wien. Jeder erhält zirka 200 Euro.

Begründe: ______

c. Beim Fußballturnier des SC Torjäger nehmen 8 Mannschaften teil. Zirka 820 Kinder kämpfen um den Sieg.

Begründe: ______

5. Erfinde eine Sachaufgabe zu folgender Rechnung und löse sie.

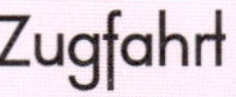

______

______

______

6. Löse zuerst durch Überschlagen.
Mit dem Zug fahren ...

Zugfahrt
Erwachsener: 19 €
Kind: 9 €
Gruppe (ab 6 P.): 98 €

a. 4 Kinder und ein Erwachsener fahren mit dem Zug.
Ü: ______
R: ______

b. 5 Erwachsene und ein Kind
Ü: ______
R: ______

c. 3 Erwachsene und ein Kind
Ü: ______
R: ______

d. eine Schulklasse mit ihrer Lehrerin
Ü: ______
R: ______

Längenmaße: Kilometer und Meter

Weglängen werden zumeist in Kilometer und Meter gemessen.

1 Kilometer = 1 000 Meter
1 km = 1 000 m

1. Die Kinder haben unterschiedlich lange Schulwege. Arbeite in deinem Heft.

Tia und Teo	Lina	Max	Bea	Chris
1 km 400 m	750 m	250 m	1 km 500 m	500 m

a. Wer hat den längsten Schulweg? Wer hat den kürzesten Schulweg?

b. Tia und Teo gehen zur Schule und nach der Schule kommen sie mit zu Bea. Wie weit gehen sie?

c. Max geht nach der Schule mit zu Chris. Von dort hat er 600 m nach Hause. Wie weit geht er?

d. Lina geht nach der Schule mit zu Bea. Beide besuchen dann Tia und Teo, die 800 m entfernt wohnen. Welche Strecke legt Lina insgesamt zurück?

e. Die Kinder brauchen für 1 km ungefähr 20 Minuten. Wie lange brauchen die Kinder, um in die Schule zu kommen?

2. Ergänze auf 1 km.

500 m	940 m	750 m	58 m	160 m	486 m	9 m	599 m
______	______	______	______	______	______	______	______

3. Ordne die Entfernungen der Länge nach. Beginne mit der kürzesten.

1 km 46 m, 1 km 158 m, 1 300 m, 780 m ______________________

860 m, 250 m, 1 020 m, 1 km 4 m, 2 100 m ______________________

5 km 320 m, 5 km 230 m, 560 m, 5 390 m ______________________

4. Runde die Längen auf die Zehnerstelle.

123 m ~ __________ 58 km ~ __________ 978 m ~ __________

754 km ~ __________ 17 km ~ __________ 991 km ~ __________

5. Mona meint: „Von meinem Wohnort bis Krems sind es genau 76 km. Gerundet sind das 100 km.“ Würdest du auch so runden? Begründe deine Meinung.

Längenmaße: Meter – Zentimeter

1 Meter = 100 Zentimeter
1 m = 100 cm

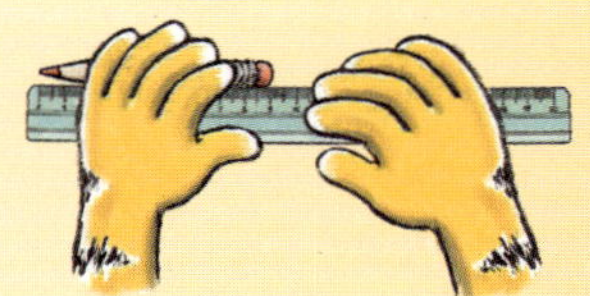

1. Seit der ersten Klasse sind die Kinder gewachsen.

	1. Klasse	3. Klasse	gewachsen um ___ cm
Tia	115 cm	1 m 24 cm	
Teo	112 cm	1 m 25 cm	
Dani	1 m 16 cm	129 cm	
Florian	109 cm	121 cm	
Tom	114 cm	1 m 31 cm	

Beantworte die Fragen.

Wer war in der 1. Klasse am größten? ______

Wer ist in der 3. Klasse am größten? ______

Wer ist in der 3. Klasse am kleinsten? ______

Wer ist am meisten gewachsen? ______

2. Schreibe in cm.

3 m = ______ cm 2 m 30 cm = ______ cm 1 m 45 cm = ______ cm
7 m = ______ cm 3 m 82 cm = ______ cm 4 m 75 cm = ______ cm

3. Schreibe in m.

800 cm = ______ m 600 cm = ______ m 1 500 cm = ______ m

4. Schreibe in m und cm.

520 cm = ______ m ______ cm 425 cm = ______ m ______ cm
962 cm = ______ m ______ cm 830 cm = ______ m ______ cm

5. Wie viel fehlt bei den angegebenen Längen noch auf 10 m? Ergänze.

263 cm + ____________ 8 m 50 cm + ____________

Längenmaße: Zentimeter – Millimeter

Wenn wir ganz kurze Strecken abmessen, dann geben wir sie in Millimeter an.

1 Zentimeter = 10 Millimeter
1 cm = 10 mm

1. Schätze die gekennzeichnete Länge und ordne die wahrscheinlichste Angabe zu.

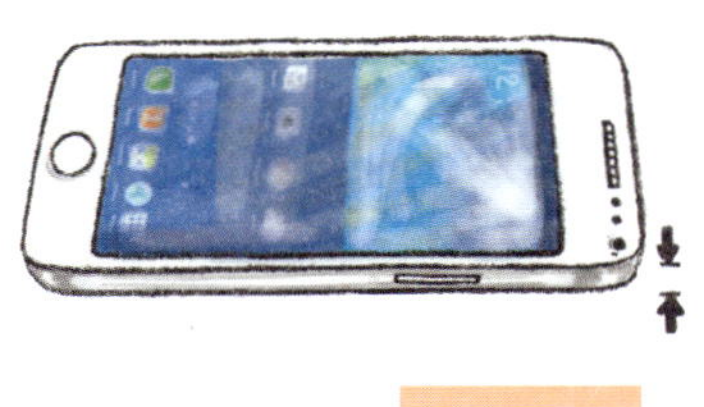

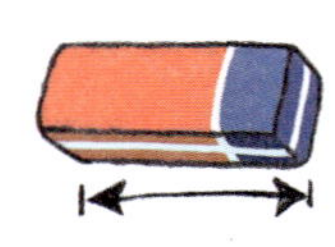

3 cm | 5 mm | 1 mm | 5 cm

2. Miss die Strecken ab.

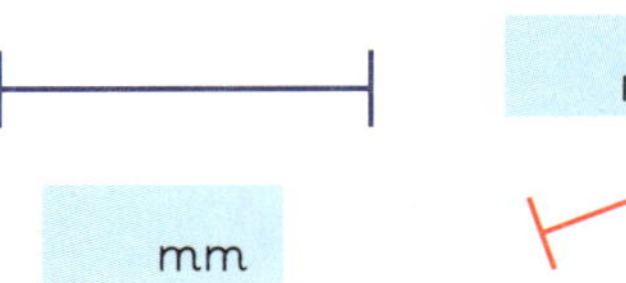
___ mm

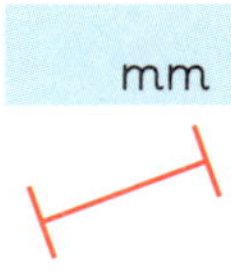
___ mm

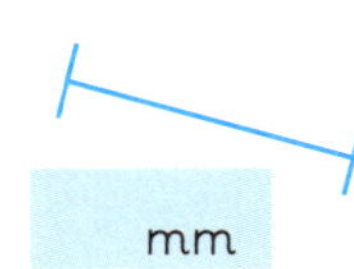
___ mm

___ mm

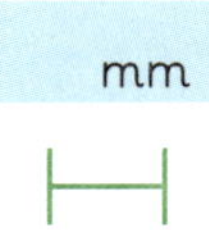
___ mm

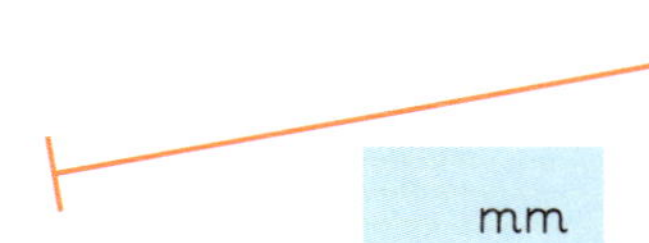
___ mm

3. Zeichne die angegebenen Strecken, indem du die Endpunkte markierst.

7 cm 2 mm

11 cm

11 mm

4. Gib in mm an.

3 cm = ___ mm   2 cm 4 mm = ___ mm   8 cm 6 mm = ___ mm

5. Gib in cm an.

80 mm = ___ cm   140 mm = ___ cm   390 mm = ___ cm

6. Gib in cm und mm an.

72 mm = ___ cm ___ mm   142 mm = ___ cm ___ mm   849 mm = ___ cm ___ mm

7. Wie viel fehlt noch auf 10 cm? Ergänze.

60 mm + ___ mm   ___ mm + 38 mm   7 cm 2 mm + ___ mm

8. Berechne.

160 mm – ___ mm = 100 mm   37 mm + ___ mm = 5 cm

Längenmaße: Meter – Dezimeter – Zentimeter – Millimeter

1 Meter = 10 Dezimeter
1 m = 10 dm

1 Meter = 100 Zentimeter
1 m = 100 cm

1 Meter = 1 000 Millimeter
1 m = 1 000 mm

1 Dezimeter = 10 cm
1 dm = 10 cm

1 Dezimeter = 100 Millimeter
1 dm = 100 mm

1. Welche Längeneinheit passt am besten? Schreibe dazu.

1 ____

1 ____

1 ____

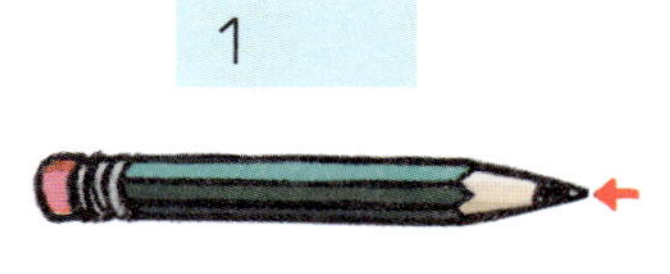

1 ____

2. Schätze zuerst die Länge, Breite oder Höhe des Gegenstandes. Miss anschließend nach.

Breite deiner Handfläche | deine Schrittlänge | Dicke dieses Buches

3. Notiere die verschiedenen Schreibweisen der Längen.

m	dm	cm	
1	5	3	1 m 5 dm 3 cm oder 1 m 53 cm oder ____
4	0	9	____ oder ____ oder ____
			6 m 4 dm 8 cm oder ____ oder ____
			____ oder ____ oder 280 cm

4. Notiere die verschiedenen Schreibweisen der Längen.

dm	cm	mm	
1	3	4	1 dm 3 cm 4 mm oder 13 cm 4 mm oder ____
			5 dm 4 cm 2 mm oder ____ oder ____
			____ oder 24 cm 5 mm oder ____

5. Ergänze: < oder = oder >. Rechne um.

2 m 5 dm	☐	25 dm	1 m 3 dm 5 cm	☐	135 dm
304 cm	☐	3 m 40 cm	12 cm 8 mm	☐	128 mm
52 dm	☐	5 m 2 dm	4 m 52 cm	☐	45 dm 2 cm

Gewichtsmaße: Tonne – Kilogramm

1 Tonne = 1 000 kg
1 t = 1 000 kg

1. Große Gewichte werden in Tonnen (t) angegeben. Welches Gewicht passt am besten? Verbinde.

150 kg | 12 t | 15 kg | 1 100 kg | 85 t | 800 kg

2. Über die alte Brücke dürfen nur Fahrzeuge fahren, die nicht schwerer als maximal eine Tonne sind. Entscheide, ob folgende Fahrzeuge auf die Brücke fahren dürfen. Begründe deine Entscheidung.
   a. Eigengewicht des Fahrzeuges 850 kg, Ladung 160 kg ______
   b. Eigengewicht des Fahrzeuges 1 150 kg, Ladung 90 kg ______
   c. Eigengewicht des Fahrzeuges 760 kg, Ladung 200 kg ______

3. Auch Tiere können viel wiegen.
   a. Ordne dem Gewicht nach. Beginne mit dem leichtesten Tier.
   b. Wie viel kg fehlen dem Bären auf eine Tonne?
   c. Wie viele Bären zusammen sind etwa so schwer wie ein Nashorn?

 800 kg

2 t 600 kg 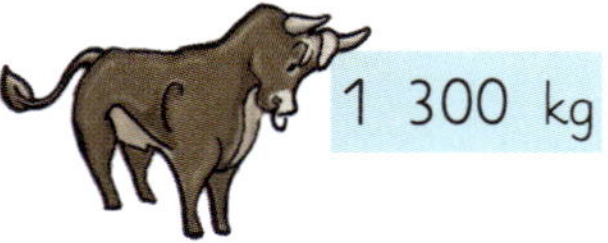 1 300 kg

5 t 

4. Erstelle ein Balkendiagramm mit den Gewichten der Tiere. 1 Kästchen entspricht 1 t.

							Nashorn 3 t
							Elefant 5 t
							Giraffe 1 t
							Nilpferd 1 500 kg

5. Berechne.

1 t minus 1 kg sind ______. 1 t minus 100 kg sind ______.
1 t minus 10 kg sind ______. 1 t minus 1 000 kg sind ______.

Gewichtsmaße: Kilogramm – Dekagramm – Gramm

1 Kilogramm = 100 Dekagramm
1 kg = 100 dag

1 Dekagramm = 10 Gramm
1 dag = 10 g

1. Bestimme das Gewicht der Gegenstände.

___ kg ___ dag   ___ kg ___ dag   ___ kg ___ dag

2. Gib in dag an.

3 kg = ________ dag   2 kg 25 dag = ________ dag   1 kg 5 dag = ________ dag

3. Gib in kg und dag an.

452 dag = ___ kg ___ dag   705 dag = ___ kg ___ dag   750 dag = ___ kg ___ dag

4. Kleine Gewichte werden oftmals in Gramm (g) angegeben.
Ordne das Obst nach dem Gewicht. Beginne mit dem leichtesten Stück.

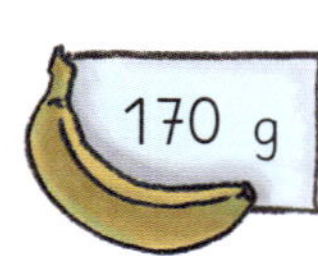

5. Gib in g an.

3 dag = ___ g   50 dag = ___ g   46 dag = ___ g   2 dag 3 g = ___ g

6. Gib in dag an.

20 g = ___ dag   700 g = ___ dag   250 g = ___ dag   320 g = ___ dag

7. Gib in dag und g an.

54 g = ___ dag ___ g   76 g = ___ dag ___ g   435 g = ___ dag ___ g

8. Betrachte die Waage.
Was erkennst du? Erkläre.

Zeitmaße: Tag – Stunde – Minute – Sekunde

1 Tag = 24 Stunden
1 d = 24 h

1 Stunde = 60 Minuten
1 h = 60 min

1 Minute = 60 Sekunden
1 min = 60 s

1. Welche Einheit passt am besten? Ordne zu.

Schultag

Gedicht lesen

Zähne putzen

URLAUB

d min h

Schulwandertag

Essen aufwärmen

Fahrt von Wien nach Graz

2. Ein Tag hat 24 Stunden. Die Uhr zeigt nur 12 Stunden. Somit gibt es zwei mögliche Uhrzeiten. Schreibe die beiden Uhrzeiten auf.

03:00 ______ ______ ______ ______ ______
15:00 ______ ______ ______ ______ ______

3. Teo sagt die Uhrzeiten an und Tia schreibt sie auf. Hilf Tia beim Aufschreiben.

fünf Minuten nach acht: ______ halb sieben: ______ fünf vor elf: ______
zwanzig nach zwölf: ______ Punkt zwölf: ______ zehn vor fünf: ______

4. Tia und Teo treffen Freunde zur vollen Stunde. Wie viele Minuten müssen sie warten?

14:45 Wartezeit: ___ min 11:28 Wartezeit: ___ min 09:16 Wartezeit: ___ min

5. Teo stoppt mit einer Stoppuhr die Tätigkeiten von Tia. Wandle um in min und s.

Schuhe putzen 320 s = ___ min ___ s Schultasche einpacken 190 s = ___ min ___ s

6. Wie viele Minuten sind vergangen?

von 07:35 bis 07:50: ______ min von 14:05 bis 14:58: ______ min
von 06:18 bis 06:43: ______ min von 08:58 bis 09:10: ______ min

7. Ein Kind sagt: „Zwischen zwei Uhr am Nachmittag und zwei Uhr in der Früh liegen 10 Stunden." Erkläre, warum diese Aussage nicht richtig ist.

Flächen

Rechteck  Quadrat  Dreieck Kreis

Flächen sind eben, sie haben eine Begrenzung und sind geschlossen.

1. Welche Flächen entdeckst du und wie viele von jeder Sorte?

Rechtecke: ______

Quadrate: ______

Dreiecke: ______

Kreise: ______

2. Untersuche das Rechteck näher. Welche Aussagen sind richtig? Kreuze an.

	richtig	nicht richtig
Ein Rechteck hat vier rechte Winkel.		
Gegenüberliegende Seiten sind gleich lang.		
Ein Rechteck hat vier unterschiedlich lange Seiten.		
Gegenüberliegende Seiten sind parallel.		
Gegenüberliegende Seiten sind krumm.		

3. Zeichne ein Rechteck auf ein Blatt Papier, das 7 cm lang und 4 cm breit ist. Kontrolliere, ob die bei Aufgabe 2 als „richtig" angegebenen Eigenschaften hier wirklich stimmen.

4. Untersuche das Quadrat näher. Welche Aussagen stimmen? Kreuze an.

	richtig	nicht richtig
Ein Quadrat hat vier rechte Winkel.		
Alle Seiten sind unterschiedlich lang.		
Alle Seiten sind gleich lang.		
Gegenüberliegende Seiten sind parallel.		
Gegenüberliegende Seiten sind krumm.		

5. Tia behauptet: „Das Quadrat ist ein spezielles Rechteck. Alle Quadrate sind somit Rechtecke."
Was meinst du dazu? Begründe deine Meinung.

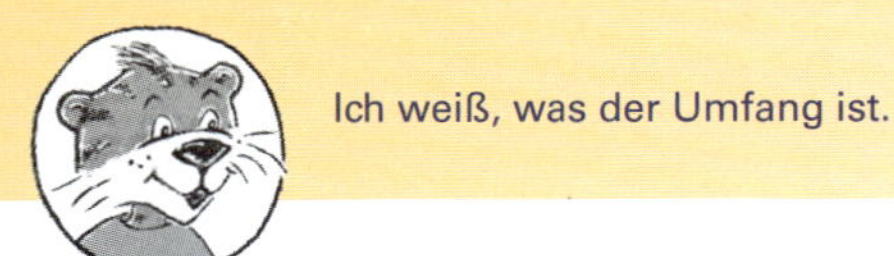

Der Rand von Figuren – Umfang

Tia und Teo legen verschiedene Figuren auf kariertes Papier und ziehen den Rand nach.
Die Länge des Randes wird als Umfang bezeichnet.

1. Wie lang ist der Umfang der Figuren? Zähle die Anzahl der Kästchenlängen (KL).
Aus wie vielen Kästchenquadraten (KQ) besteht die Fläche? Zähle ab.

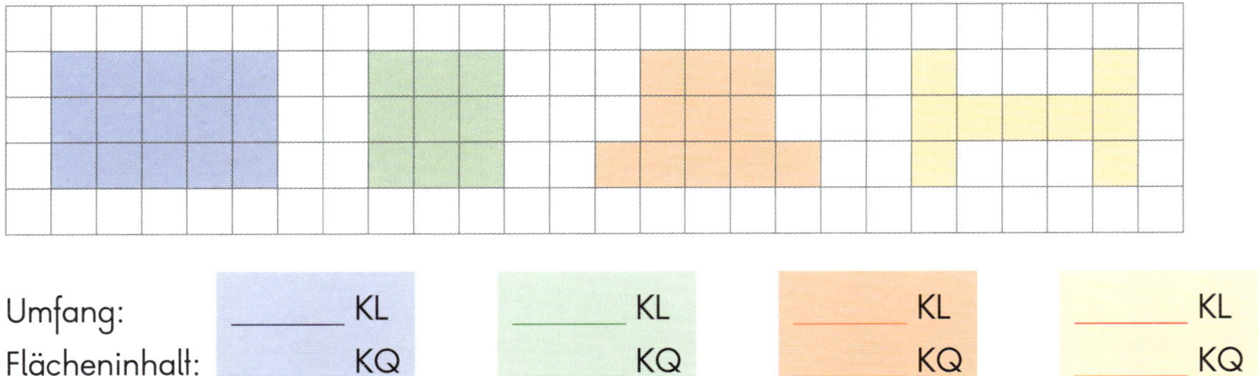

Umfang:	______ KL	______ KL	______ KL	______ KL
Flächeninhalt:	______ KQ	______ KQ	______ KQ	______ KQ

2. Zeichne drei unterschiedliche Figuren. Alle sollen aber einen Umfang von 12 Kästchenlängen haben. Bestimme anschließend auch die Größe der Fläche durch Angabe der Anzahl der Kästchenquadrate.

3. Zeichne ein Rechteck mit 4 cm Länge und 3 cm Breite.
Bestimme die Länge des Umfangs. Arbeite in deinem Heft.

4. Tia und Teo kennen drei Möglichkeiten, um den Umfang eines Rechtecks zu berechnen. Hilf ihnen beim Ergänzen der fehlenden Zahlen.

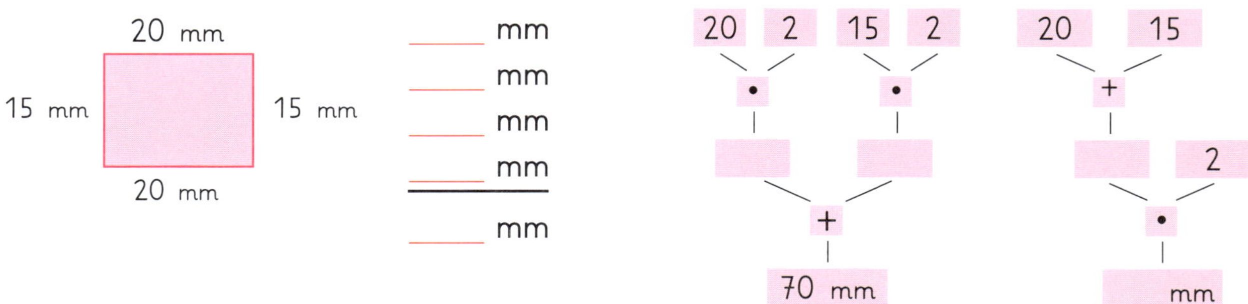

Umfänge berechnen

1. Miss die Länge und Breite des Rechtecks ab.
Berechne den Umfang auf drei verschiedene Möglichkeiten.

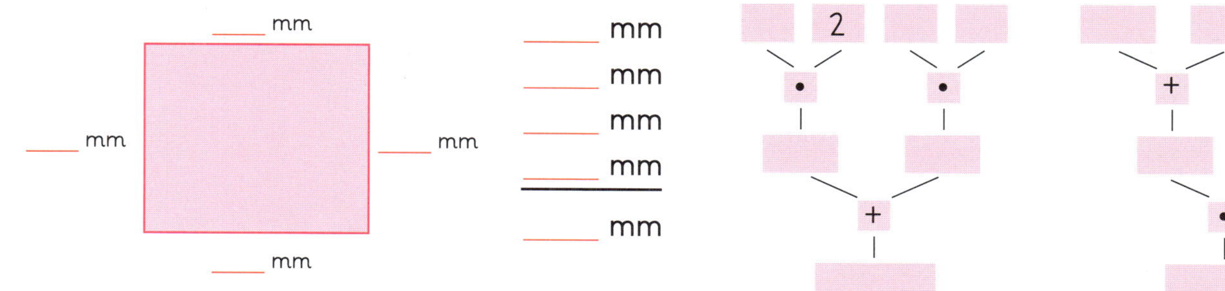

2. Berechne die Umfänge der Rechtecke in deinem Heft.
Wähle jene Methode, die für dich gut passt.
a. Länge a = 55 mm; Breite b = 38 mm
b. Länge a = 42 mm; Breite b = 75 mm

3. Teo zeichnet ein Quadrat mit 5 cm Seitenlänge.
Er sagt, dass er den Umfang einfach
mit 5 cm mal 4 ausrechnen könnte.
Was meinst du dazu? Begründe deine Meinung.

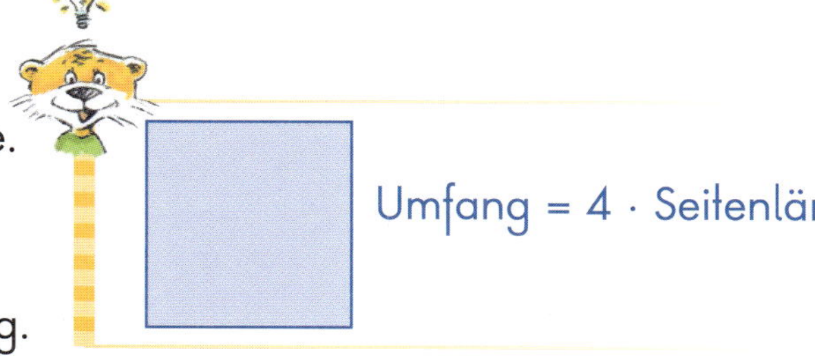

4. Berechne die Umfänge der Quadrate.
a. Seitenlänge: 45 mm
b. Seitenlänge: 72 mm
c. Seitenlänge: 9 cm
d. Seitenlänge: 8 cm 5 mm

5. Auch bei anderen Figuren kann man die Umfänge berechnen.
Addiere dazu die Längen aller Seiten.

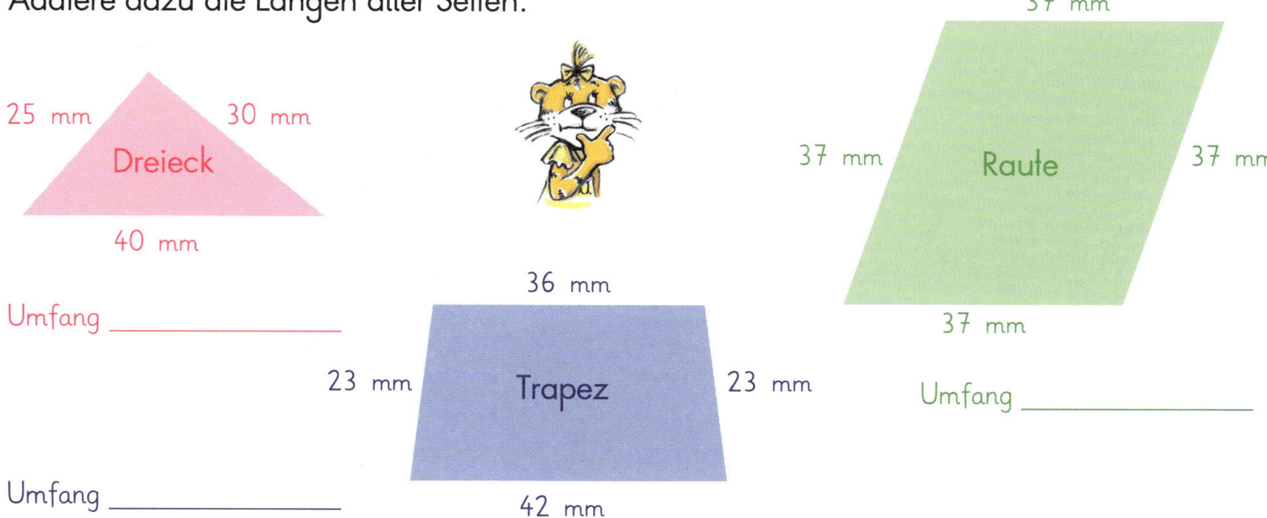

6. Tia berechnet den Umfang der Raute aus Beispiel 5. Sie rechnet 4 · 37 mm.
Was meinst du dazu? Begründe deine Meinung.

Geometrische Körper

Bausteine sind geometrische Körper.
Es gibt Quader, Würfel, Kugeln,
Pyramiden und viele mehr.

1. Ordne die Namen den Körpern zu. Ziehe Verbindungslinien.

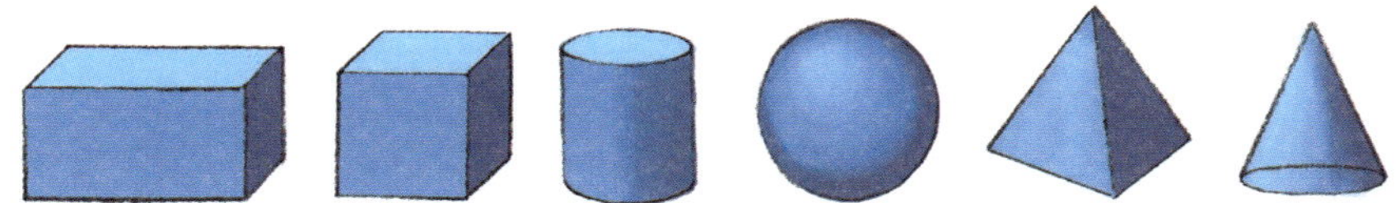

Zylinder Quader Pyramide Würfel Kegel Kugel

2. Baue mit Knetmasse und Stäbchen einen Quader und einen Würfel.
Fülle die Tabelle aus.

	Quader	Würfel
Anzahl der Ecken:		
Anzahl der Kanten:		
Anzahl der gleich langen Kanten:		

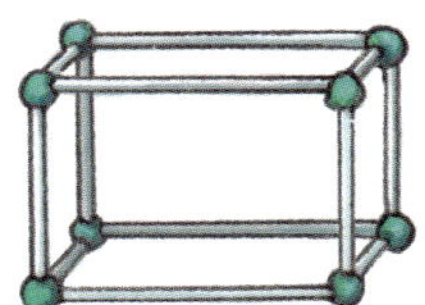

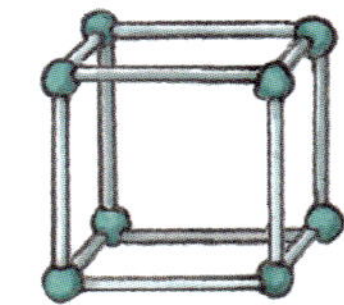

3. Teo meint: „Ein Würfel ist ein besonderer Quader."
Stimmt diese Aussage? Wenn ja, erkläre, was er damit meint.

4. Welche Körperformen findest du?

5. Male an: Quader – rot, Würfel – gelb,
Zylinder – grün, Kugel – blau, Pyramide – orange

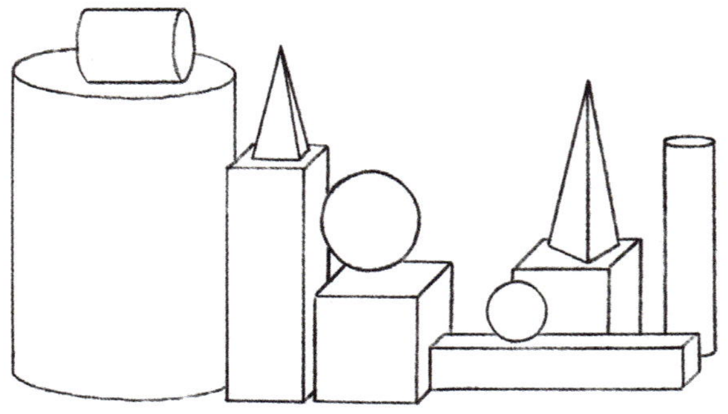

6. Welche Körper sind gemeint? Tipp: Es kann auch mehrere Lösungen geben.
Der Körper kann rollen, aber nicht kippen. ______
Der Körper kann kippen, aber nicht rollen. ______
Der Körper kann rollen und kippen. ______
Der Körper hat nur ebene Flächen. ______
Der Körper sieht von allen Seiten gleich aus. ______

Orientierung

Tia und Teo machen mit ihren Eltern einen Ausflug nach Wien. Sie besorgen sich einen Stadtplan und überlegen, wo sie überall hingehen wollen. Sie bemerken, dass der Plan in Planquadrate eingeteilt ist.

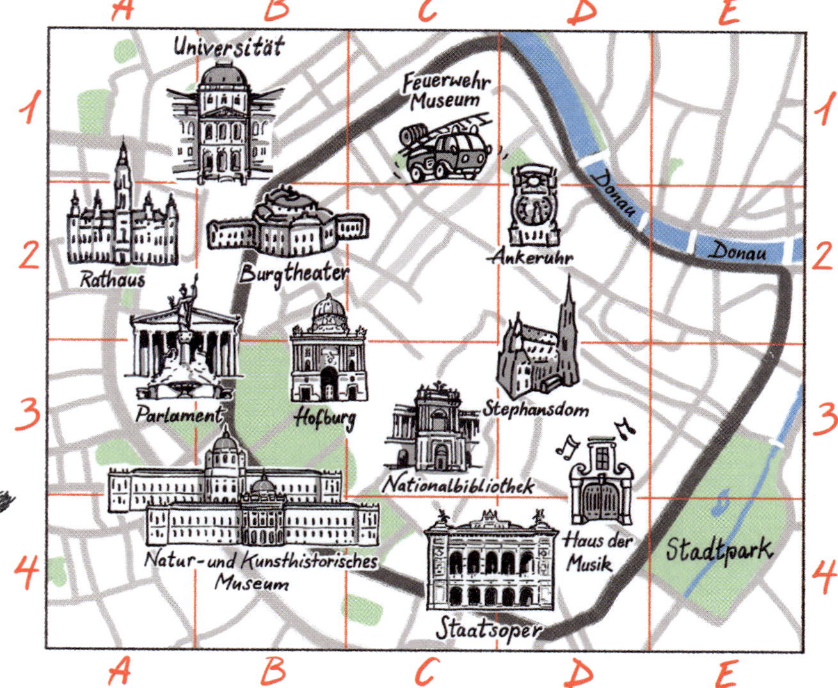

1. Tia und Teo finden es praktisch, dass der Plan in Planquadrate eingeteilt ist. Was ist deine Meinung dazu?

2. In welchem Planquadrat befindet sich a) der Stephansdom, b) die Staatsoper, c) die Ankeruhr, d) die Universität, e) das Rathaus und f) die Hofburg? Hinweis: Nenne zuerst den Buchstaben, dann die Zahl, z. B. A1.

3. Die Familie Tiger befindet sich bei der Staatsoper. Sie wollen zum Stephansdom. Wie könnten sie gehen? Beschreibe den Weg.

4. Zeige einen möglichst kurzen Weg von der Hofburg zum Rathaus.

5. Beschreibe einen möglichst kurzen Weg von der Staatsoper zur Universität.

6. Familie Tiger möchte auf jeden Fall den Stephansdom, die Staatsoper, die Ankeruhr und die Hofburg besichtigen. Mit der U-Bahn kommen sie bei der Staatsoper an. Stelle einen Besichtigungsplan für sie zusammen. Begründe deine Zusammenstellung.

7. Teo möchte noch das Feuerwehrmuseum besuchen. Baue diese Station in deinen Besichtigungsplan ein.

8. Welche Orte würdest du gerne besuchen? Stelle für dich einen Besichtigungsplan zusammen.

Lernen mit Teo & Tia

Deutsch und Mathematik für die Volksschule

ISBN 978-3-7074-2202-3

ISBN 978-3-7074-2203-0

ISBN 978-3-7074-2207-8

Spannende Abenteuergeschichten

ISBN 978-3-7074-2354-9

ISBN 978-3-7074-2560-4

ISBN 978-3-7074-2287-0

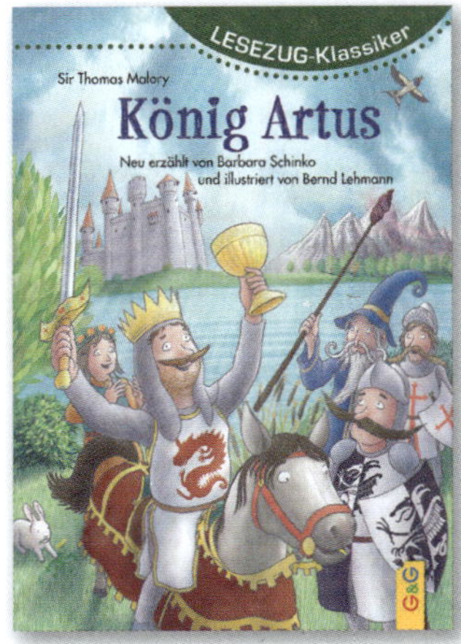

ISBN 978-3-7074-2538-3

ISBN 978-3-7074-2656-4

ISBN 978-3-7074-2550-5